Witold Koszela

The Battleship USS Massachusetts

The American battleship USS "Massachusetts" is one of the best known units of its class during the world war two. It was built at Fore River (Quincy) Shipyard in Massachusetts in 1939–1942 period and was one of the four South Dakota type battleships. The crew serving on USS "Massachusetts" humorously nicknamed their ship the "Big Mamie".

Building process started on July 1939, the launching took place on the 23rd of September 1941. The godmother of the ship was a formers Navy Secretary Charles' Francis Adams wife. The equipping took more than half of year and on 12th of May 1942 the unit was introduced into the service. The first commander of the ship was captain Francis E. M. Whiting.

Service of USS "Massachusetts" from the beginning teemed with interesting events. After finishing all tests, trials and crew trainings the ship left home waters in October 1942. It was assigned to invasion fleet formed for securing the landing of allied forces in North Africa.

This is when the ship gained its fame after winning the battle with unfinished French battleship "Jean Bart" stationed in port of Casablanca. The damage caused by USS "Massachusetts" was so severe that French unit was never finished and didn't enter the operational service. During that fight titular ship also caused a lot of damage to the port's infrastructure and damaged some transport units.

The crucial event of units service was the battle with group of French warships which managed to escape from Casablanca. "Massachusetts" together with assisting cruisers sunk the French cruiser "Primauguet" as well as two destroyers: "Boulonnais" and "Fougueux"; another one – "Malin" – was severely damaged.

The battleship took its further service on the Pacific waters, quickly becoming the "work horse" of the fleet. It took part in dozens of different operations against Japanese forces. USS "Massachusetts" participated in countless escorts of aircraft carriers, supported the forces landings with its guns, covered the convoys with the AA fire. The battleship repeatedly shelled the Japanese positions – many of them on home islands. For its service the unit was awarded with eleven Battle Stars gaining the label of remarkably merited battleship during the fight against Japan.

After the war the ship continued its service on Pacific for a short period of time. In March 1947 it was transferred to the Atlantic Reserve Fleet based in Norfolk, where it stayed until June 1962. On that year the unit was discharged from the US Navy. Originally there was a plan to send the battleship to the scrapyard but thanks to the efforts of war veterans and Massachusetts state inhabitants the deserved unit was saved.

In the year 1965 the battleship was moved to Fall River where – after proper adaptation and stating it the garden of remembrance of fallen WW2 soldiers – it was open for tourists.

Today the ship is permanently anchored in Battleship Cove – place known as the biggest cluster of monument ships. It is grouped with USS "Joseph P. Kennedy, Jr." destroyer and USS "Lionfish" submarine.

USS "Massachusetts" is preserved in mint condition and it is the great relic which allows the visitors to feel the "strength" of the unit and get to know the armament, architecture and construction of WW2 era battleships.

Amerykański pancernik USS „Massachusetts" to jeden z bardziej znanych okrętów tej klasy okresu II wojny światowej. Jednostkę budowano w stoczni Fore River w Quincy w stanie Massachusetts w latach 1939–1942. Była jednym z czterech pancerników zaliczanych do typu South Dakota. Załoga USS „Massachusetts" żartobliwie nazywała swój okręt „Big Mamie"

Jego budowę rozpoczęto w lipcu 1939 roku, a wodowanie, podczas którego honory matki chrzestnej pełniła żona byłego sekretarza marynarki Charlesa Francisa Adamsa, miało miejsce 23 września 1941 roku. Prace wyposażeniowe trwały ponad pół roku i 12 maja 1942 roku okręt został wcielony do służby.

Obowiązki pierwszego dowódcy pełnił komandor Francis E. M. Whiting. Służba USS „Massachusetts" w szeregach US Navy niemal od samego początku obfitowała w ciekawe wydarzenia. Po zakończeniu wszelkiego rodzaju prób, testów oraz szkoleń załogi okręt opuścił w październiku 1942 roku macierzyste wody i otrzymał przydział do floty inwazyjnej sformowanej w celu zabezpieczenia lądowania wojsk alianckich w Afryce Północnej.

To wtedy okręt zyskał największą sławę, staczając zwycięski bój z przebywającym w Casablance nieukończonym francuskim pancernikiem „Jean Bart", czyniąc na wspomnianym okręcie szereg uszkodzeń niepozwalających na jego ukończenie i dalszą wojenną służbę. Podczas prowadzonych działań pancernik ogniem swoich dział poczynił również szereg zniszczeń w porcie, uszkadzając przebywające w nim statki transportowe.

Ważnym wydarzeniem była także bitwa, podczas której „Massachusetts" wraz z towarzyszącymi mu amerykańskimi krążownikami zaatakował grupę francuskich okrętów, którym pomimo prowadzonego ostrzału udało się wydostać z portu.

Podczas stoczonego pojedynku Amerykanom udało się zatopić krążownik „Primauguet" oraz niszczyciele „Boulonnais" i „Fougueux", a niszczyciel „Malin" został poważnie uszkodzony.

Dalszą wojenną służbę pancernik pełnił na wodach Pacyfiku, bardzo szybko stając się tzw. „koniem roboczym". Uczestniczył w dziesiątkach różnego rodzaju operacji skierowanych przeciwko siłom japońskim. Okręt wykonał niezliczoną ilość zadań związanych z eskortą lotniskowców, wspierał ogniem swych dział desanty, ubezpieczał konwoje i zapewniał ochronę przed nalotami wrogiego lotnictwa. Pancernik wielokrotnie ostrzeliwał japońskie pozycje, w tym wiele znajdujących się na wyspach macierzystych. Za swoją wojenną służbę okręt został nagrodzony jedenastoma Battle Stars, zyskując miano jednostki wielce zasłużonej w walce z Japończykami.

Po zakończeniu działań wojennych krótko kontynuował służbę na Pacyfiku. W marcu 1947 roku został przeniesiony do Atlantic Reserve Fleet z bazą w Norfolk, gdzie pozostawał aż do czerwca 1962 roku, kiedy to został skreślony ze stanu US Navy. Pierwotnie planowano skierować okręt do stoczni złomowej, lecz podjęte m.in. przez wojennych weteranów i mieszkańców stanu Massachusetts działania pozwoliły uratować zasłużoną jednostkę.

W 1965 roku pancernik został sprowadzony do Fall River, gdzie po odpowiedniej adaptacji i ogłoszeniu go miejscem pamięci po poległych w II wojnie światowej, został udostępniony do zwiedzania.

Okręt do dziś pozostaje na stałe zakotwiczony w Battleship Cove – miejscu znanym jako największe skupisko zabytkowych okrętów, gdzie u jego boku w bliskiej odległości znajdują się m.in.: niszczyciel USS „Joseph P. Kennedy, Jr." i okręt podwodny USS „Lionfish".

Zachowany w nienagannym stanie USS „Massachusetts" jest dziś wspaniałą pamiątką z czasu wojny, pozwalającą na zapoznanie się z potęgą pancerników, ich uzbrojeniem, budową i architekturą.

The Battleship USS Massachusetts • Witold Koszela
First edition / Wydanie pierwsze • LUBLIN 2017 • ISBN 978-83-65437-58-7

Translation / Tłumaczenie: **Stanisław Powała-Niedźwiecki** • Color profiles / Plansze barwne: **Witold Koszela** • Scale drawings / Rysunki techniczne: **Witold Koszela** • Design: **KAGERO STUDIO**

Distribution / Dystrybucja: Kagero Publishing • www.kagero.pl • e-mail: kagero@kagero.pl, marketing@kagero.pl
Editorial Office, Marketing / Redakcja, Marketing: Kagero Publishing, ul. Akacjowa 100, os. Borek, Turka, 20-258 Lublin 62, Poland, phone/fax +48 81 501 21 05

Battleship USS "Massachusetts" – technical data	
Shipyard	Fore River, Quincy
Type	South Dakota
Twin units	"South Dakota", "Indiana", "Alabama"
Hull number	BB 59
Laying down	20th of July 1939
Launching	23rd of September 1941
Commissioning	12th of May 1942
Decommissioning	27th of March 1947
Struck of charge	1st of June 1962
Standard displacement (1945)	35 200 t
Full displacement (1945)	44 400 t
Total length	207.5 m
Beam	33.0 m
Maximum draft	10.3 m
Propulsion	8 Babcok & Wilcox's boilers, 4 General Electric's turbine units
Total power installed	133 000 HP
Number of screws	4
Maximum speed	27.0 kt
Range	17 000 NM at 15 kt 6400 NM at 25 kt
Armour	
Hull	
Belt	310 mm
Lower belt	22 mm
Upper deck	38 mm
Main deck	127 + 19 mm
Lower deck	16 mm
Transverse bulkheads	287 mm
Main artillery turrets	
Forward plates	457 mm
Side plates	241 mm
Rear plates	305 mm
Tops	184 mm
Barbettes	
To the main deck level	439–295 mm
To the lower deck level	38 mm
Command post:	
Side plates	406 mm
Floor	102 mm
Top	184 mm
Armament (1942)	
	9 × cal. 406 mm guns
	20 × cal. 127 mm guns
	24 × cal. 40 mm guns
	35 × cal. 20 mm guns
Armament (1944)	
	9 × cal. 406 mm guns
	20 × cal. 127 mm guns
	72 × cal. 40 mm guns
	33 × cal. 20 mm guns
Armament (1945)	
	9 × cal. 406 mm guns
	20 × cal. 127 mm guns
	60 × cal. 40 mm guns
	31 × cal. 20 mm guns
Radar equipment	
	Artillery radar Mk 8
	Artillery radar Mk 13
	Artillery radar Mk 27
	Sea-surface radar SG
	Artillery radar Mk 12 (with Mk 22 altimeter)
	Air warning radar SR
	Air warning radar SR-2
Aircraft (1942–1945)	3 × Vought OS2U Kingfisher
Aircraft (1945–1947)	3 × Curtiss SC1 Seahawk
Crew (1945)	2300

Dane taktyczno-techniczne pancernika USS „Massachusetts"	
Stocznia	Fore River, Quincy
Typ	South Dakota
Jednostki bliźniacze	„South Dakota", „Indiana", „Alabama"
Numer taktyczny	BB 59
Położenie stępki	20 lipca 1939 r.
Wodowanie	23 września 1941 r.
Wejście do służby	12 maja 1942 r.
Przeniesienie do rezerwy	27 marca 1947 r.
Skreślenie ze stanu floty	1 czerwca 1962 r.
Wyporność standardowa (1945)	35 200 t
Wyporność pełna (1945)	44 400 t
Długość całkowita	207,5 m
Szerokość	33,0 m
Zanurzenie maksymalne	10,3 m
Napęd	8 kotłów Babcok & Wilcox, 4 zespoły turbin General Electric
Łączna moc maszyn	133 000 KM
Liczba śrub napędowych	4
Prędkość maksymalna	27,0 w.
Zasięg pływania	17 000 Mm przy prędkości 15 w.; 6400 Mm przy prędkości 25 w.
Opancerzenie	
Kadłub	
Pancerz burtowy	310 mm
Dolna część pancerza burtowego	22 mm
Pokład górny	38 mm
Pokład główny	127 + 19 mm
Pokład dolny	16 mm
Grodzie poprzeczne	287 mm
Wieże artylerii głównej	
Ściany przednie	457 mm
Ściany boczne	241 mm
Ściany tylne	305 mm
Dachy	184 mm
Barbety	
Do poziomu pokładu głównego	439–295 mm
Do poziomu pokładu dolnego	38 mm
Stanowisko dowodzenia	
Ściany boczne	406 mm
Podłoga	102 mm
Dach	184 mm
Uzbrojenie (1942)	
	9 × kal. 406 mm
	20 × kal. 127 mm
	24 × kal. 40 mm
	35 × kal. 20 mm
Uzbrojenie (1944)	
	9 × kal. 406 mm
	20 × kal. 127 mm
	72 × kal. 40 mm
	33 × kal. 20 mm
Uzbrojenie (1945)	
	9 × kal. 406 mm
	20 × kal. 127 mm
	60 × kal. 40 mm
	31 × kal. 20 mm
Wyposażenie radarowe	
	Radar artyleryjski Mk 8
	Radar artyleryjski Mk 13
	Radar artyleryjski Mk 27
	Radar przeszukiwania powierzchni morza SG
	Radar artyleryjski Mk 12 (z wysokościomierzem Mk 22)
	Radar ostrzegania powietrznego SR
	Radar ostrzegania powietrznego SR-2
Wyposażenie lotnicze (1942–1945)	3 × Vought OS2U Kingfisher
Wyposażenie lotnicze (1945–1947)	3 × Curtiss SC1 Seahawk
Załoga (1945)	2300 ludzi

TOPDRAWINGS

Opracowanie i rysunki: © Witold Koszela

Battleship USS Massachusetts

Sheet/Arkusz 1

No scale/bez skali

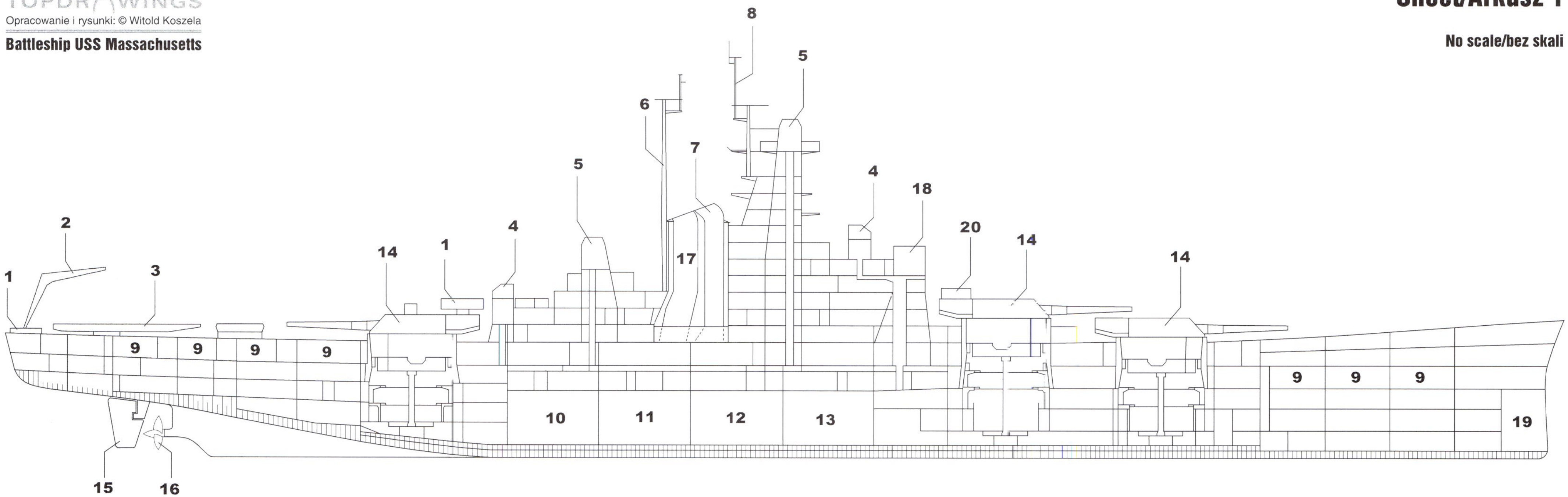

USS "Massachusetts" longitudinal section, year 1946

1 – 40-mm AA gun mounts; 2 – Deck crane; 3 – Catapult; 4 – Medium artillery directors; 5 – Main artillery directors; 6 – Aft mast; 7 – Funnel; 8 – Forward mast; 9 – Crew quarters; 10 – No. 4 engine room; 11 – No. 3 engine room; 12 – No. 2 engine room; 13 – No. 1 engine room; 14 – Main artillery turret; 15 – Steer; 16 – Screw propeller; 17 – Funnel duct; 18 – Command post; 19 – Forepeak; 20 – 20-mm AA gun mounts

Pancernik USS „Massachusetts" w przekroju wzdłużnym wg stanu na rok 1946

1 – Stanowisko plot. kal. 40 mm; 2 – Dźwig pokładowy; 3 – Katapulta; 4 – Dalocelownik artylerii średniej; 5 – Dalocelownik artylerii głównej; 6 – Maszt rufowy; 7 – Komin; 8 – Maszt dziobowy; 9 – Pomieszczenia załogowe; 10 – Maszynownia nr 4; 11 – Maszynownia nr 3; 12 – Maszynownia nr 3; 13 – Maszynownia nr 1; 14 – Wieża artylerii głównej; 15 – Ster; 16 – Śruba napędowa; 17 – Szyb kominowy; 18 – Stanowisko dowodzenia; 19 – skrajnik dziobowy; 20 – Stanowisko plot. kal. 20 mm

Armament scheme: 1 – 40-mm AA Bofors gun mounts; 2 – 20-mm AA Oerlikon gun mounts; 3 – Deck crane; 4 – Catapult; 5 – Main artillery turret; 6 – Medium artillery directors; 7 – Main artillery directors; 8 – Medium artillery turret cal. 127 mm; 9 – Radar antenna; 10 – SK-2 radar antenna; 11 – Command post

Schemat uzbrojenia: 1 – Stanowisko działek plot. Bofors kal. 40 mm; 2 – Stanowisko działek plot. Oerlikon kal. 20 mm; 3 – Dźwig pokładowy; 4 – Katapulta; 5 – Wieża artylerii głównej; 6 – Dalocelownik artylerii średniej; 7 – Dalocelownik artylerii głównej; 8 – Wieża artylerii średniej kal. 127 mm; 9 – Antena radaru; 10 – Antena radaru SK-2; 11 – Stanowisko dowodzenia

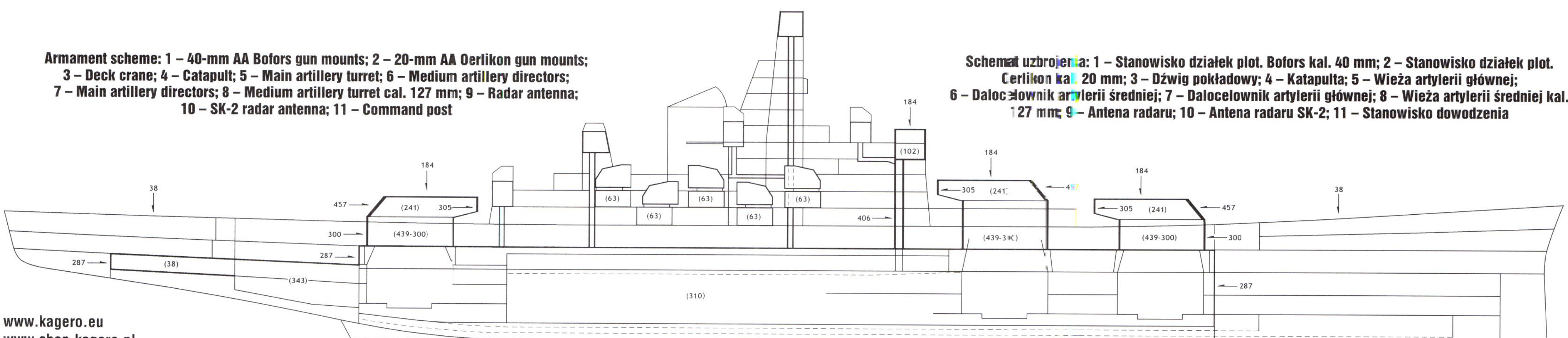

TOPDRAWINGS
Opracowanie i rysunki: © Witold Koszela
Battleship USS Massachusetts

Sheet/Arkusz 2

USS "Massachusetts" main superstructure from the year 1944
Nadbudówka główna pancernika USS „Massachusetts" według stanu na rok 1944

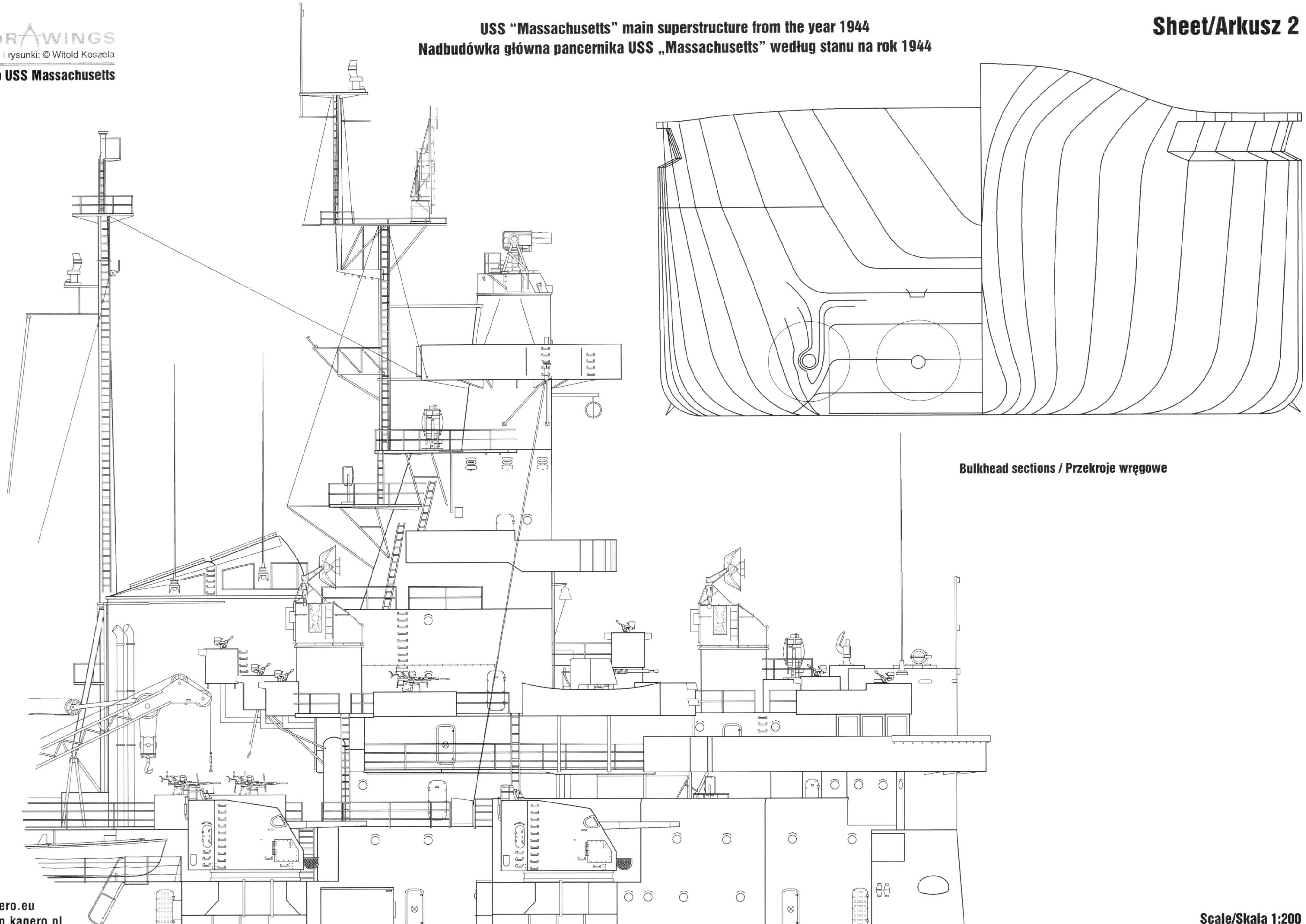

Bulkhead sections / Przekroje wręgowe

www.kagero.eu
www.shop.kagero.pl

Scale/Skala 1:200

TOPDRAWINGS
Opracowanie i rysunki: © Witold Koszela
Battleship USS Massachusetts

Main superstructure, level 03, 1944
Nadbudówka główna poziom 03, rok 1944

Sheet/Arkusz 3

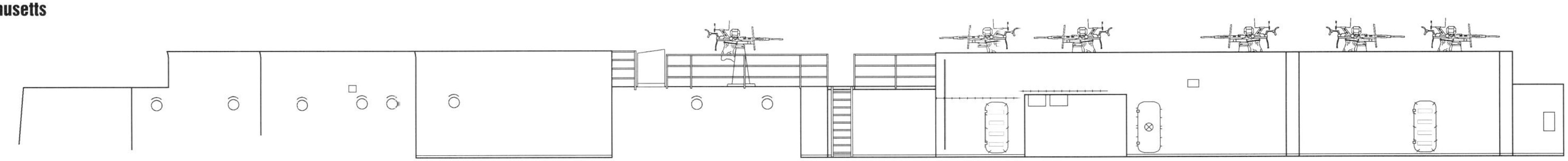

View from the port side
Widok od lewej burty

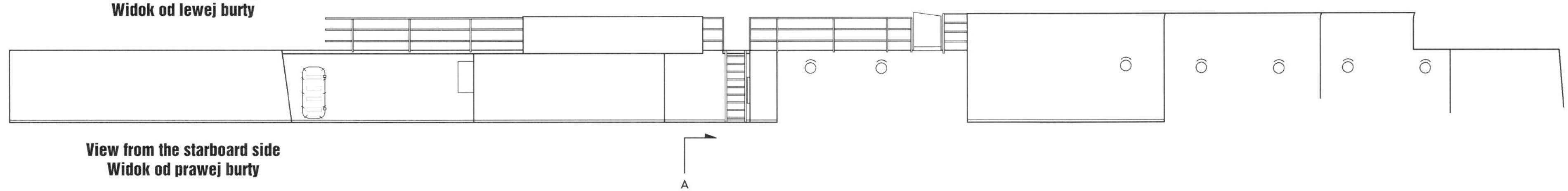

View from the starboard side
Widok od prawej burty

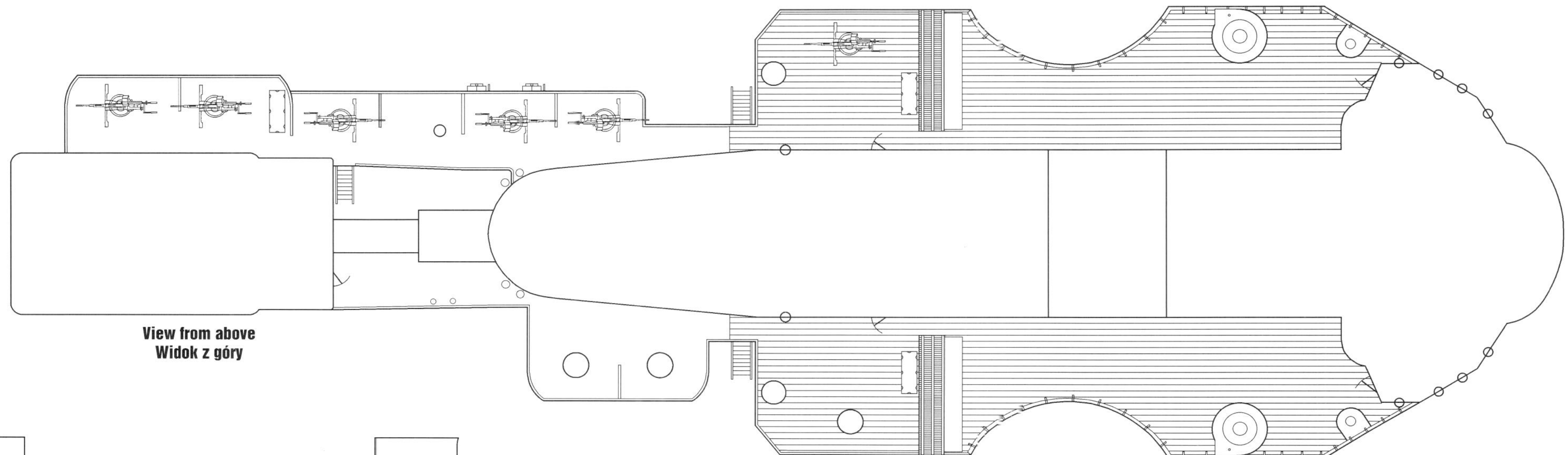

View from above
Widok z góry

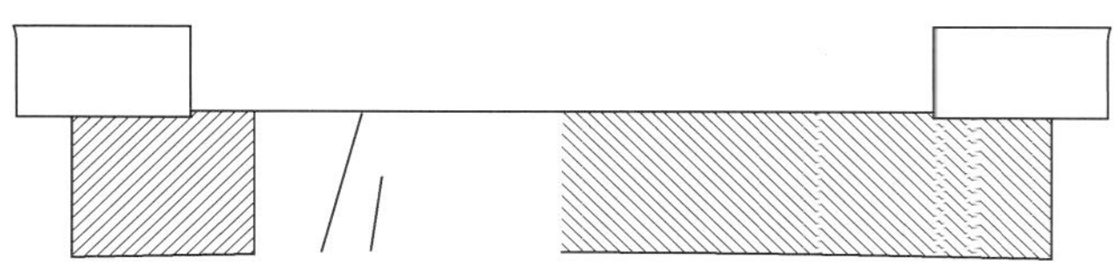

View from the bow
Widok od dziobu

View from astern
Widok od rufy

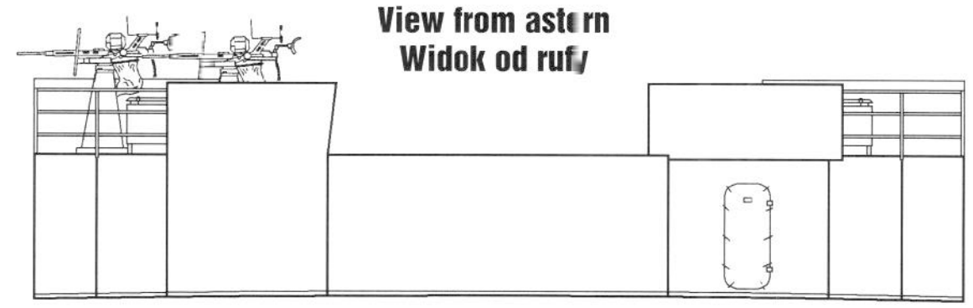

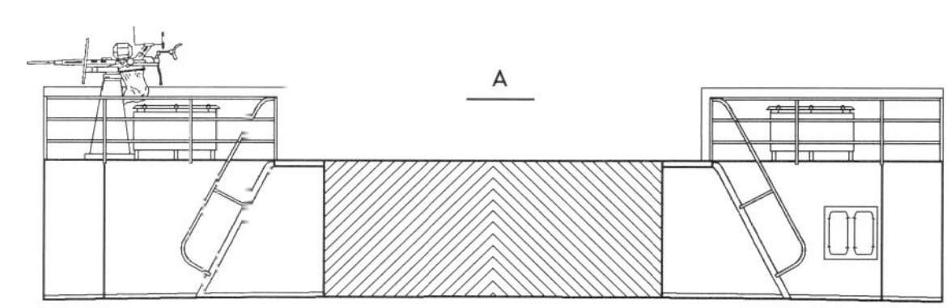

www.kagero.eu
www.shop.kagero.pl

Scale/Skala 1:200

Main superstructure, navigation bridge, 1944
Nadbudówka główna, pomost nawigacyjny rok 1944

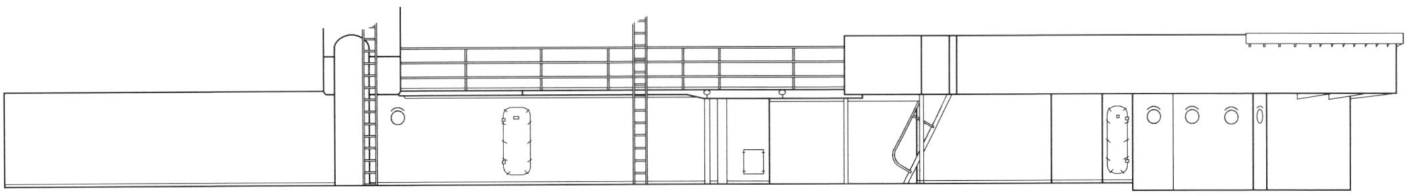

View from the starboard side
Widok od prawej burty

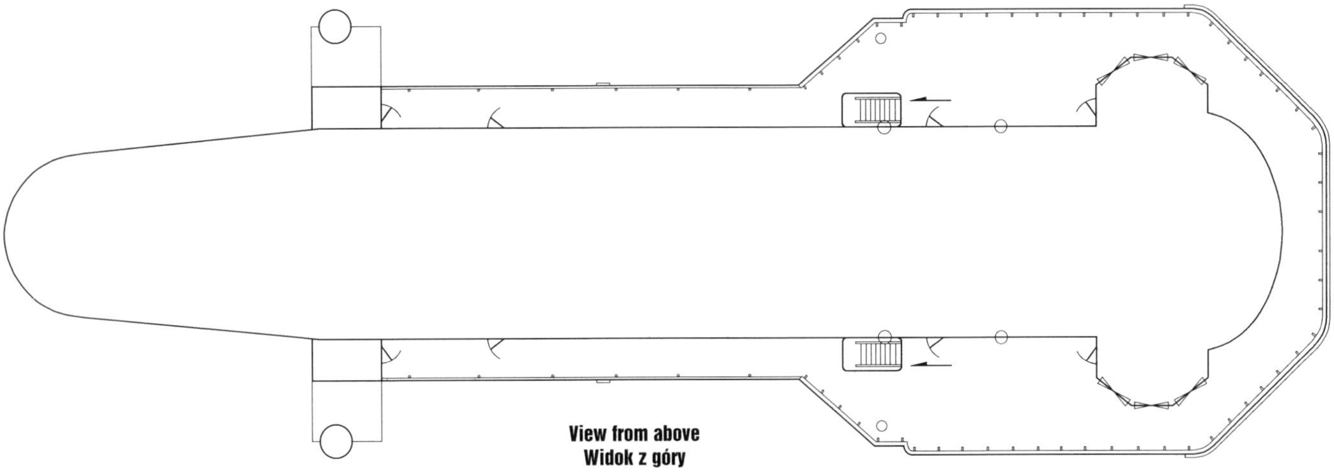

View from above
Widok z góry

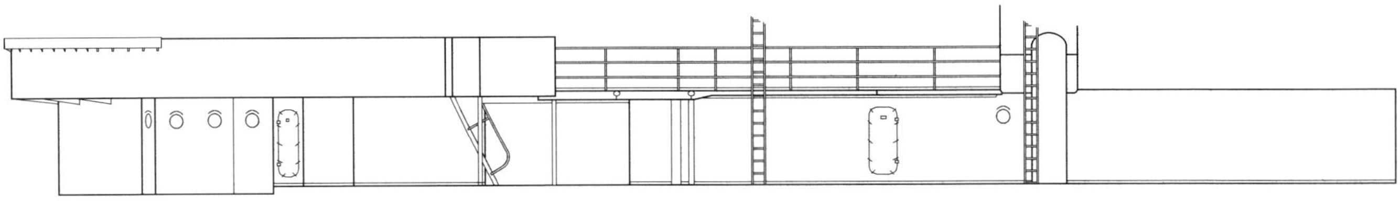

View from the port side
Widok od lewej burty

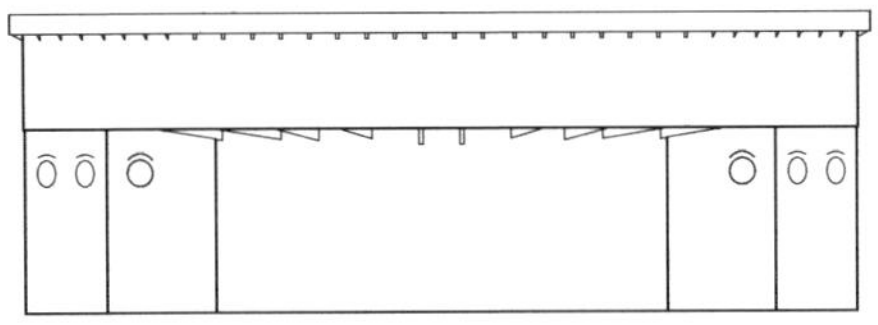

View from the bow
Widok od dziobu

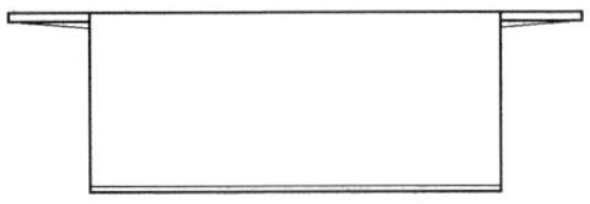

View from astern
Widok od rufy

Scale/Skala 1:200

Main superstructure, upper deck, 1944
Nadbudówka główna, poziom górny, rok 1944

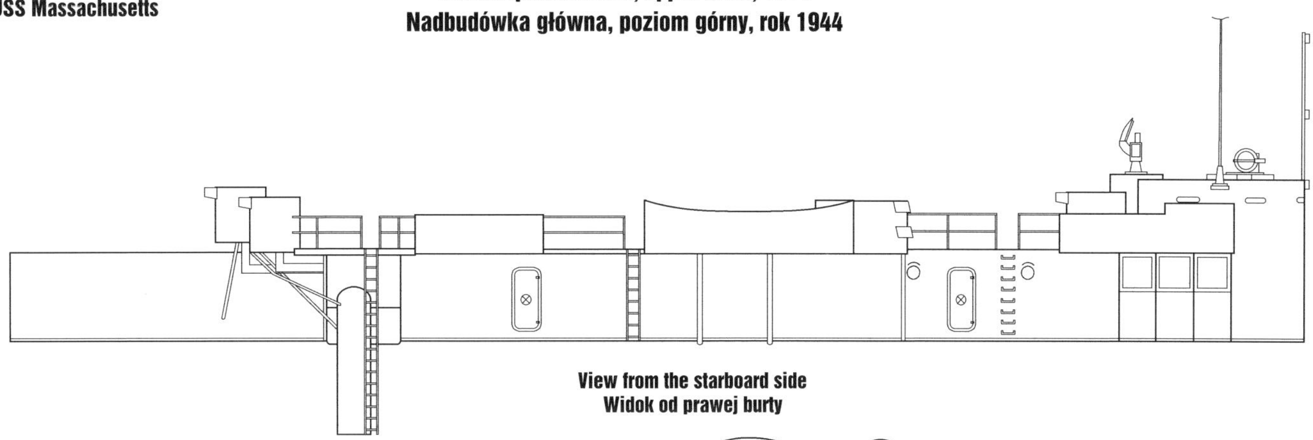

View from the starboard side
Widok od prawej burty

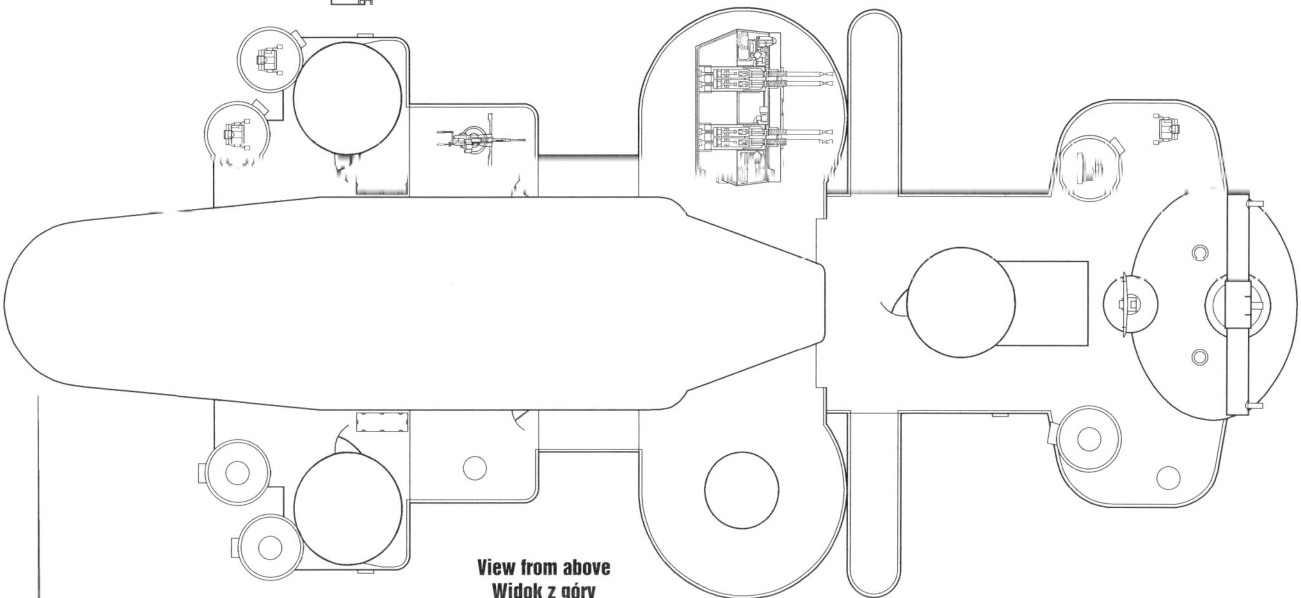

View from above
Widok z góry

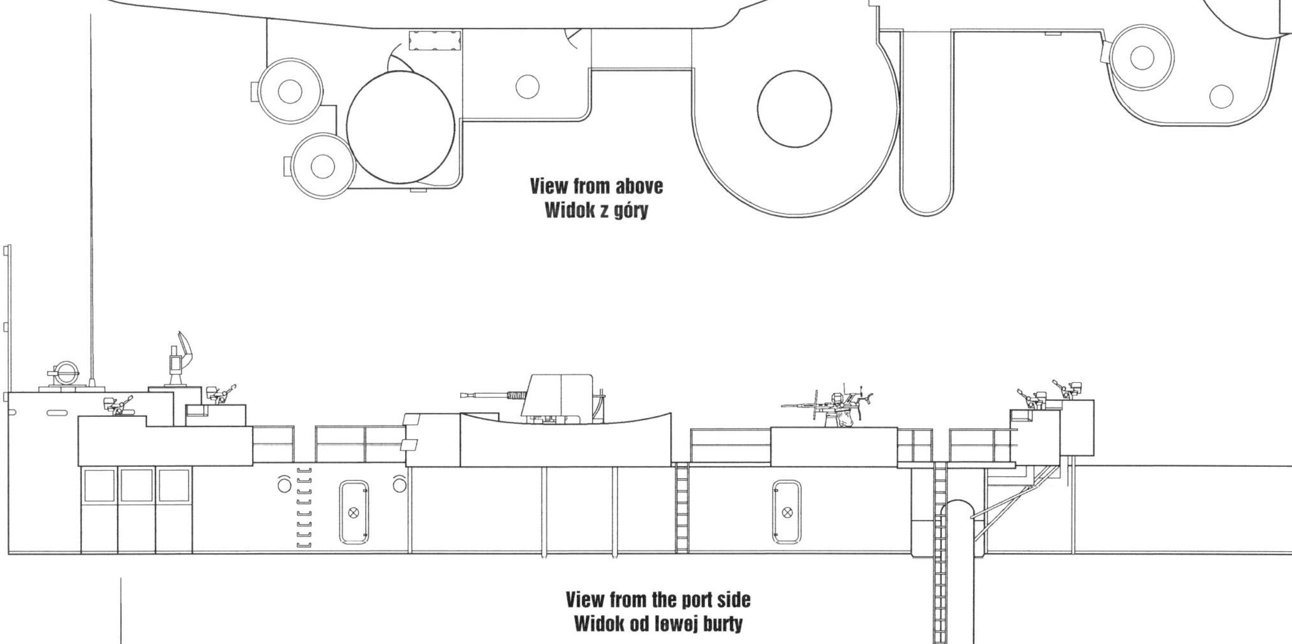

View from the port side
Widok od lewej burty

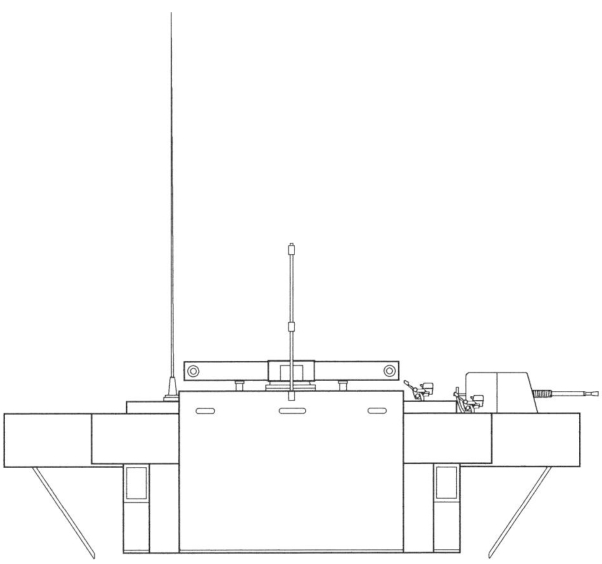

View from the bow
Widok od dziobu

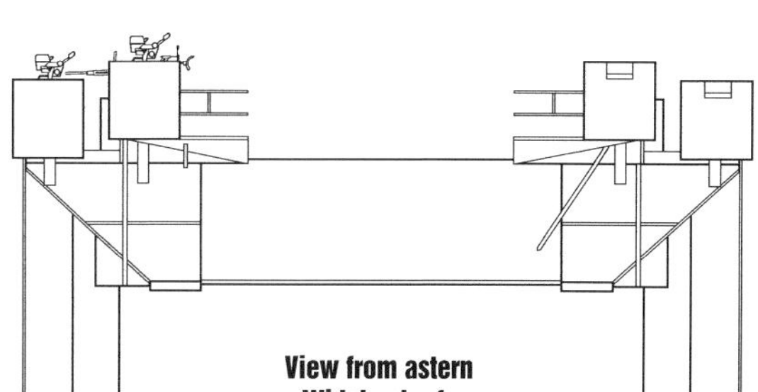

View from astern
Widok od rufy

Scale/Skala 1:200

TOPDRAWINGS
Opracowanie i rysunki: © Witold Koszela

Battleship USS Massachusetts

Funnel – 1944
Komin – 1944

Sheet/Arkusz 6

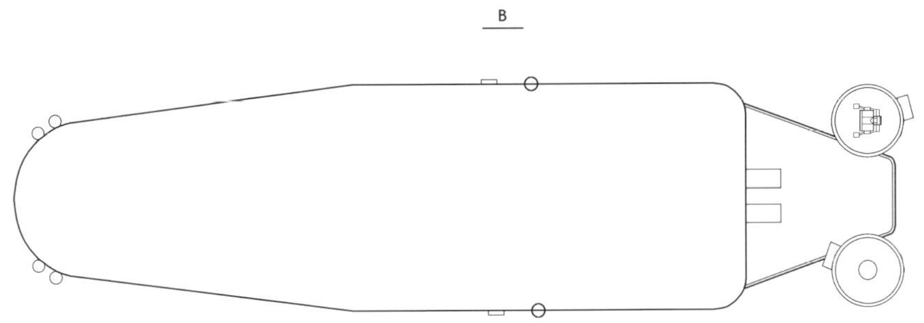

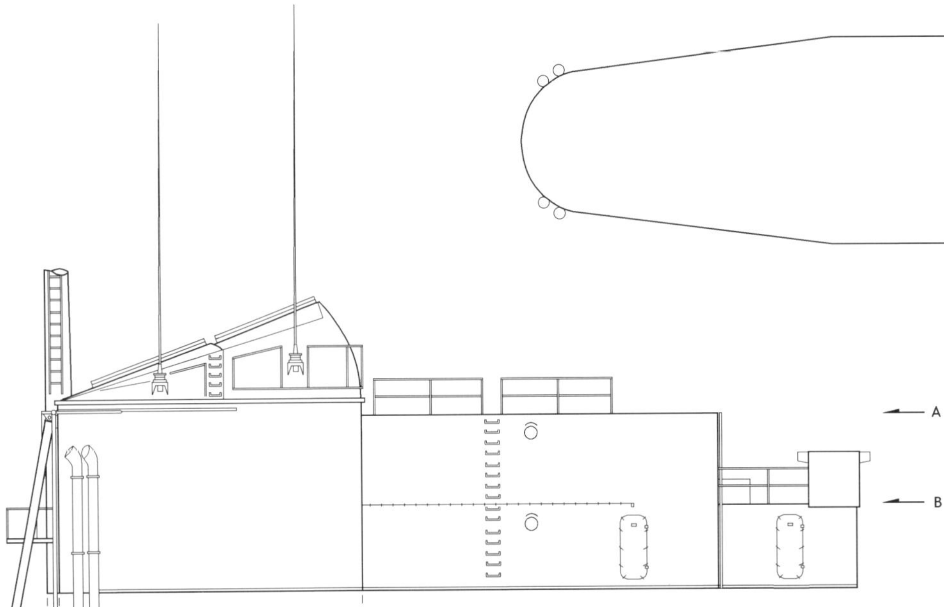

View from the starboard side
Widok od prawej burty

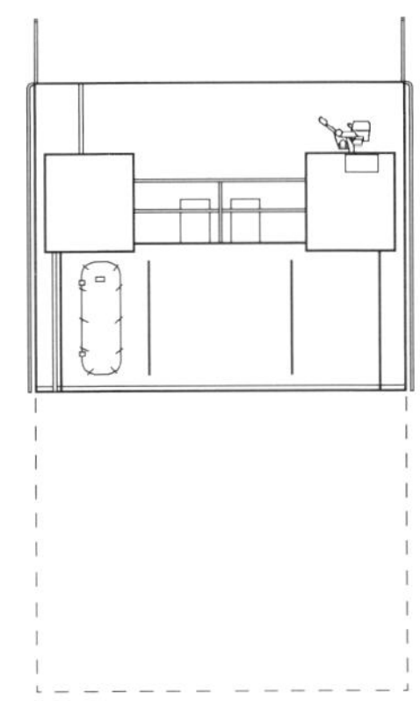

View from the bow
Widok od dziobu

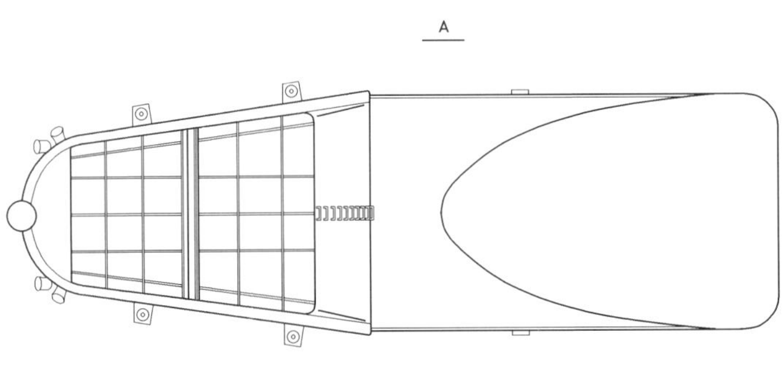

View from above
Widok z góry

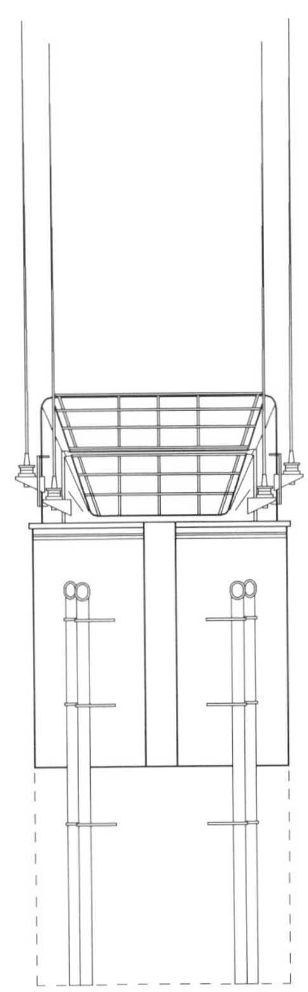

View from astern
Widok od rufy

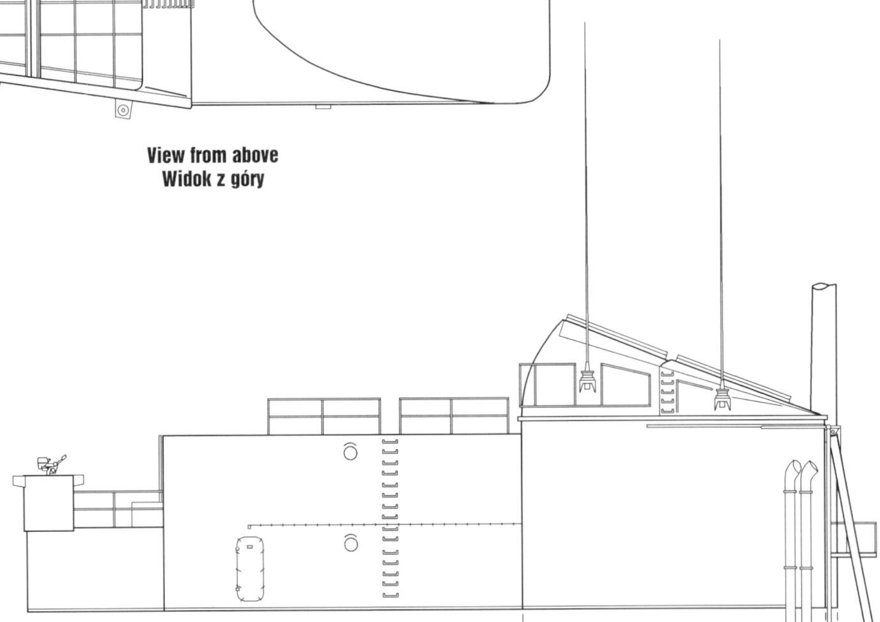

View from the port side
Widok od lewej burty

Scale/Skala 1:200

USS "Massachusetts" main superstructure from the year 1946
Nadbudówka główna pancernika USS „Massachusetts" według stanu na rok 1946

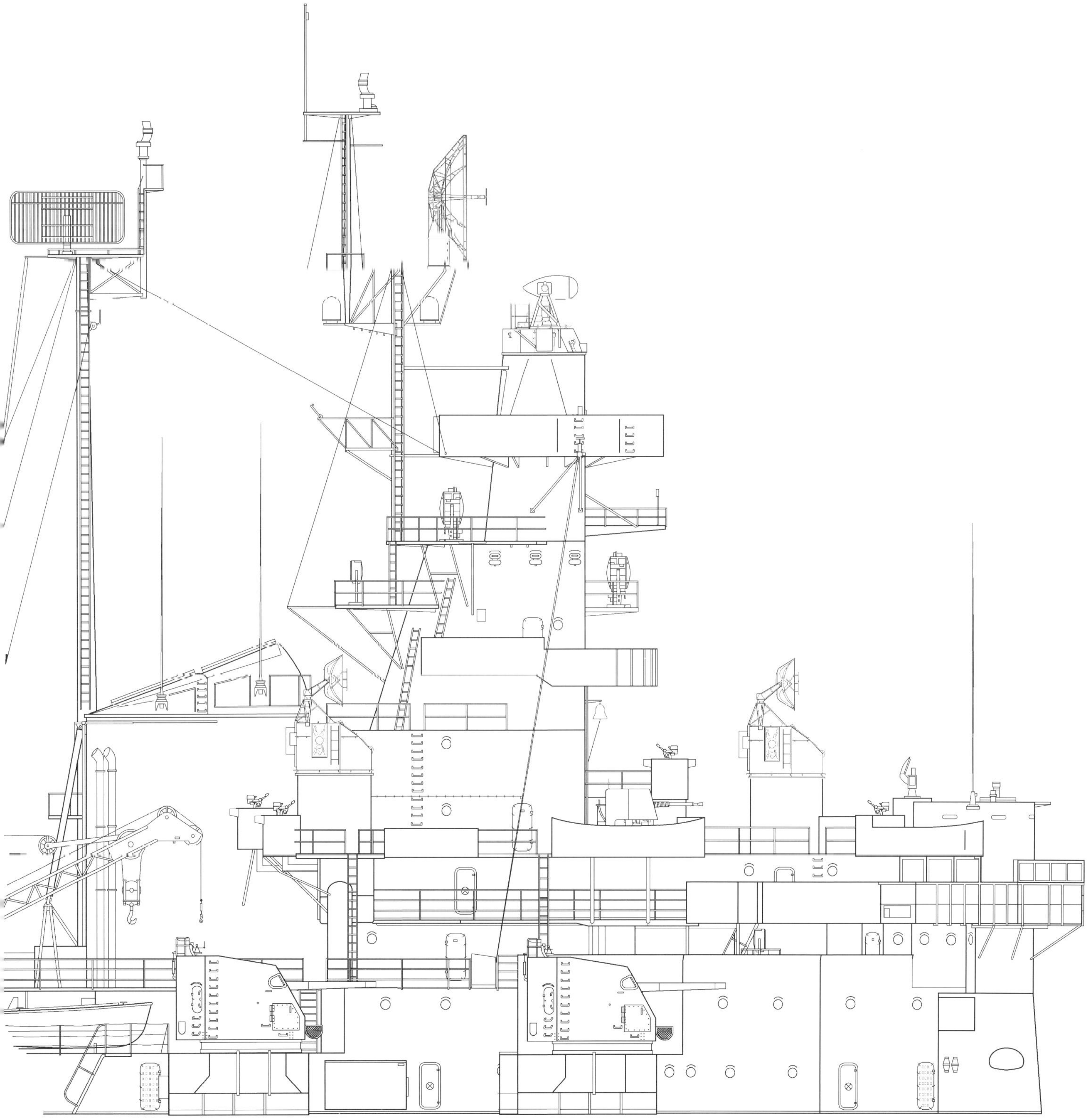

Scale/Skala 1:200

Main superstructure, navigation bridge, 1946
Nadbudówka główna, pomost nawigacyjny, rok 1946

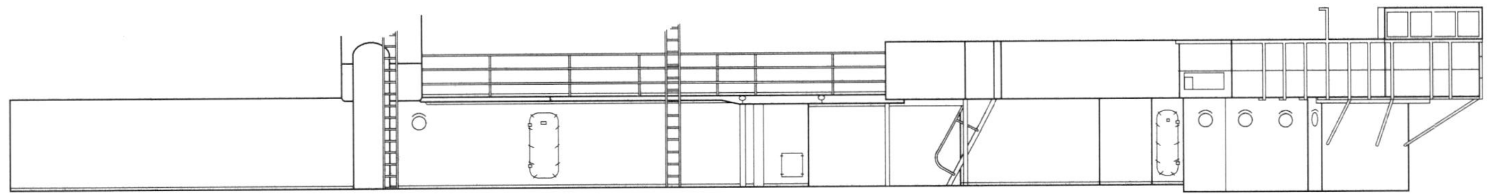

View from the starboard side
Widok od prawej burty

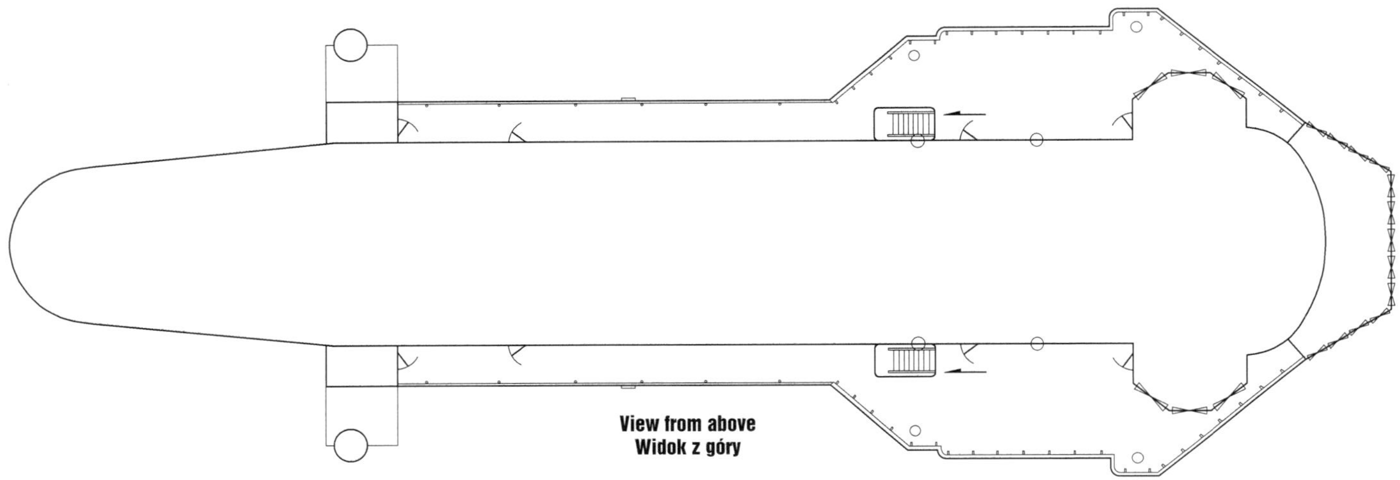

View from above
Widok z góry

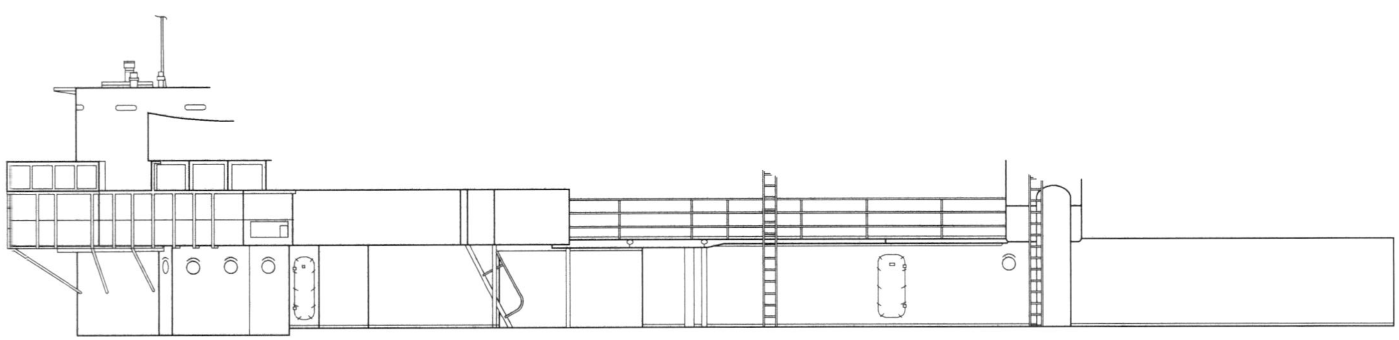

View from the port side
Widok od lewej burty

Scale/Skala 1:200

Main superstructure, upper deck, 1946
Nadbudówka główna, poziom górny, rok 1946

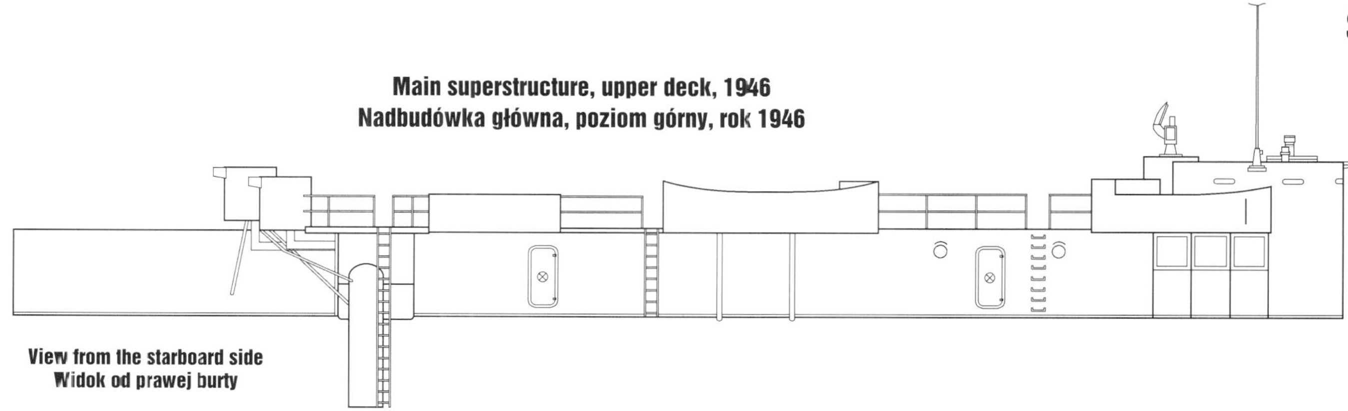

View from the starboard side
Widok od prawej burty

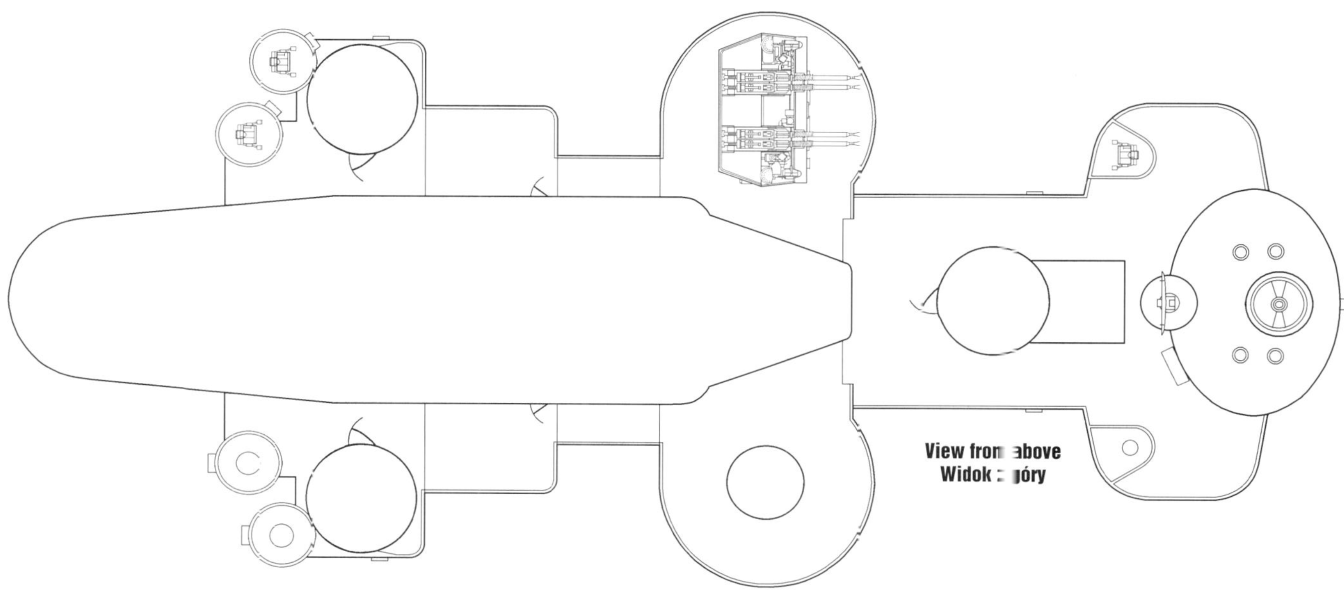

View from above
Widok z góry

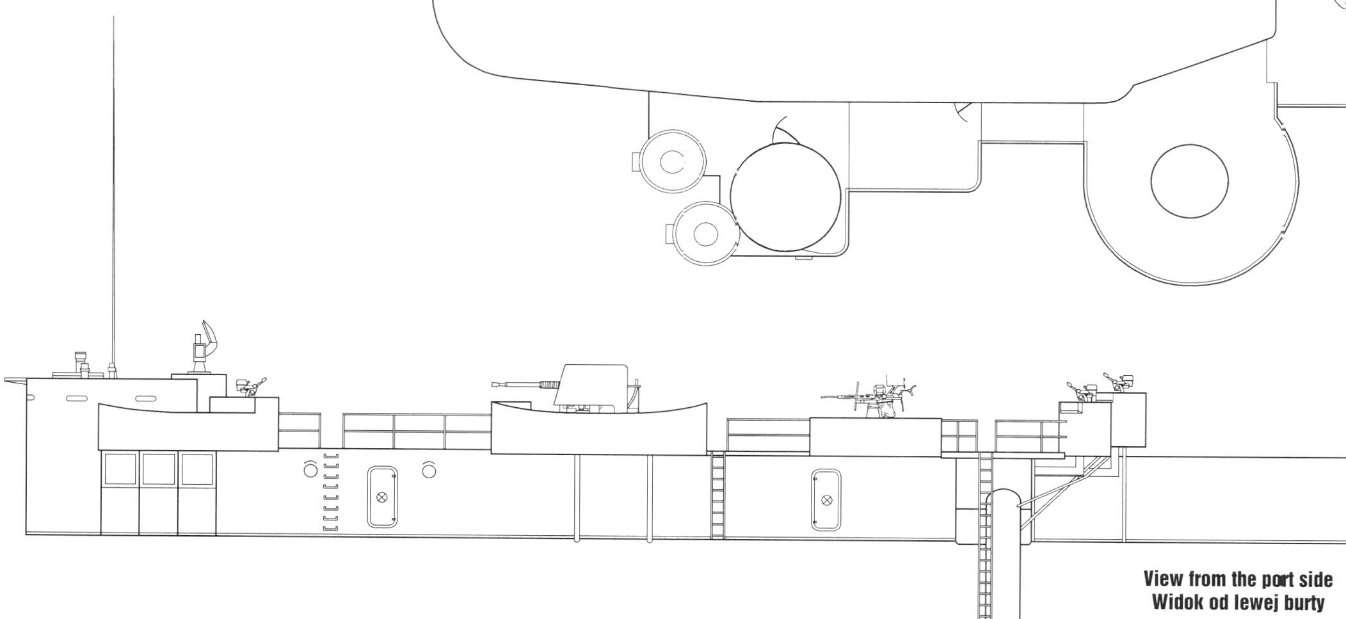

View from the port side
Widok od lewej burty

Scale/Skala 1:200

TOPDRAWINGS
Opracowanie i rysunki: © Witold Koszela
Battleship USS Massachusetts

Main superstructure, top section, 1944
Nadbudówka główna, część szczytowa, rok 1944

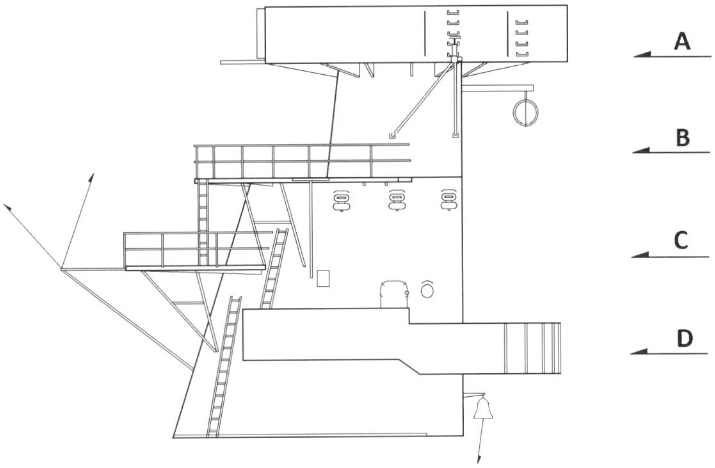

View from the starboard side
Widok od prawej burty

C

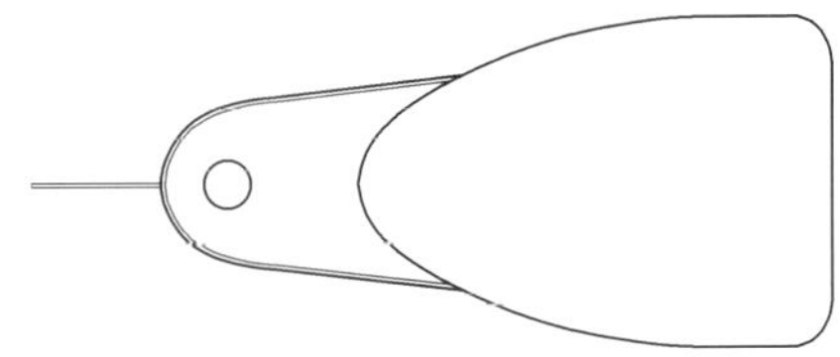

B

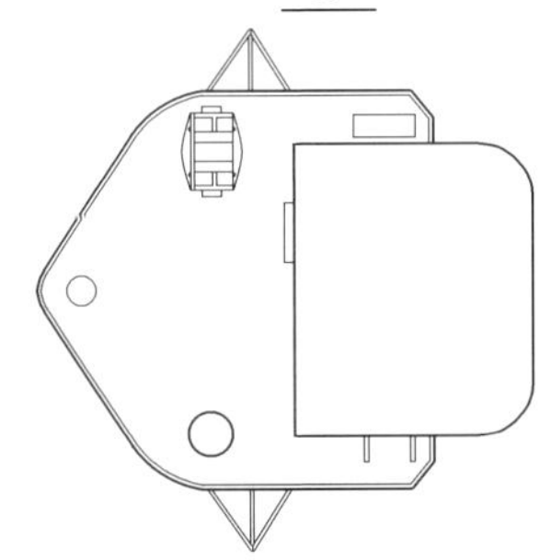

A

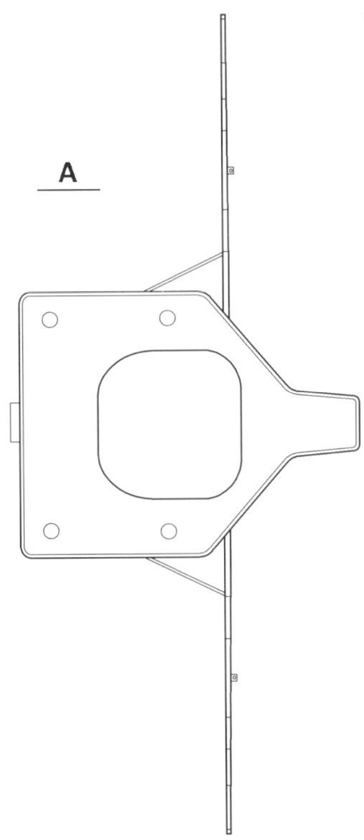

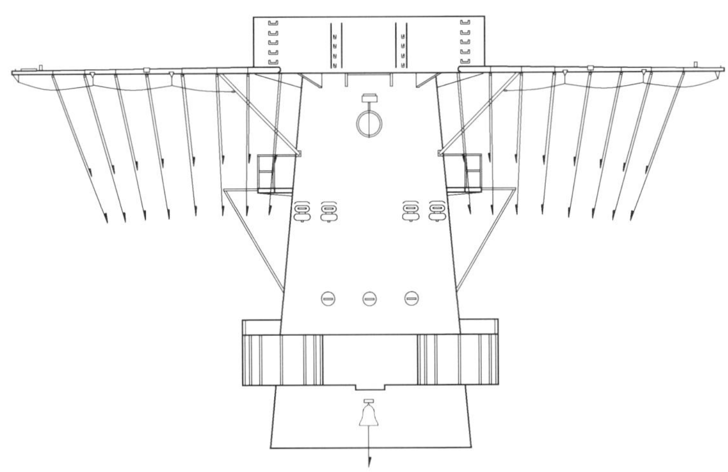

View from the bow
Widok od dziobu

D

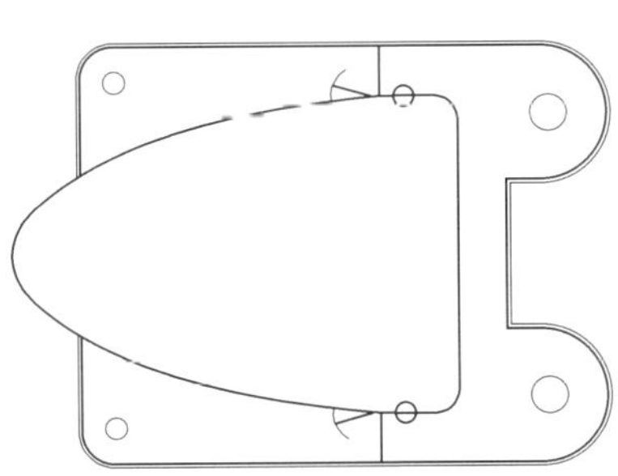

1

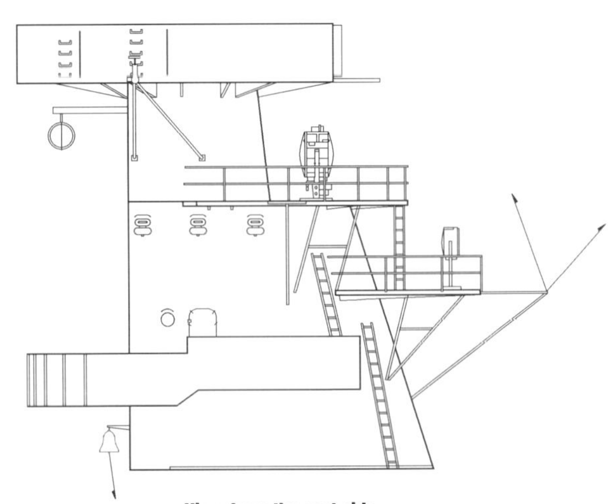

View from the port side
Widok od lewej burty

Scale/Skala 1:200

The superstructure with the base of astern main artillery director, 1944
Nadbudówka z podstawą rufowego dalocelownika artylerii głównej, rok 1944

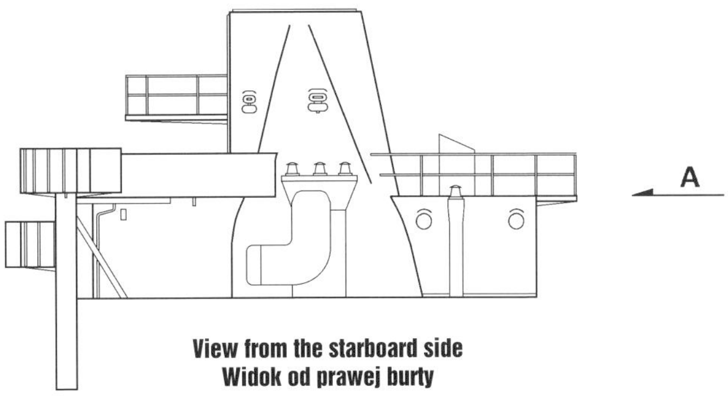

View from the starboard side
Widok od prawej burty

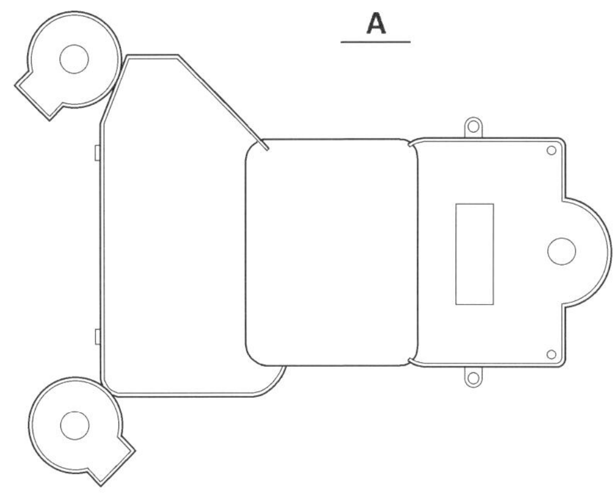

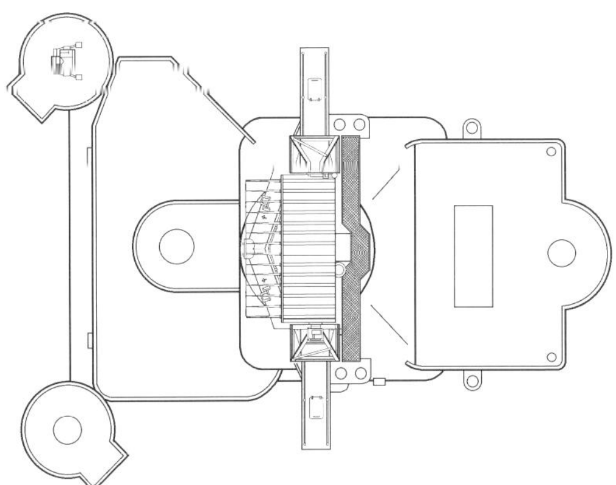

View from above
Widok z góry

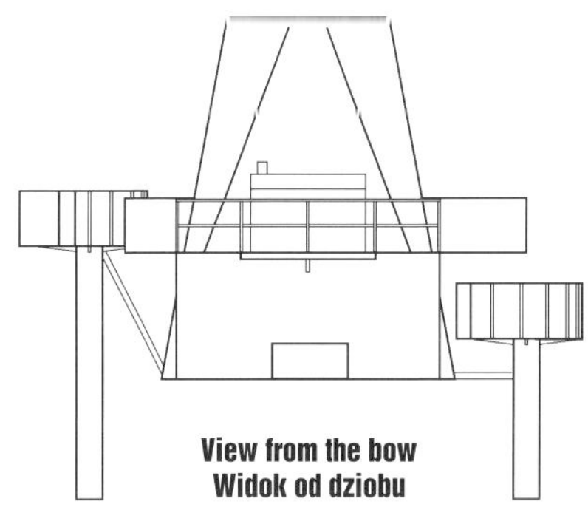

View from the bow
Widok od dziobu

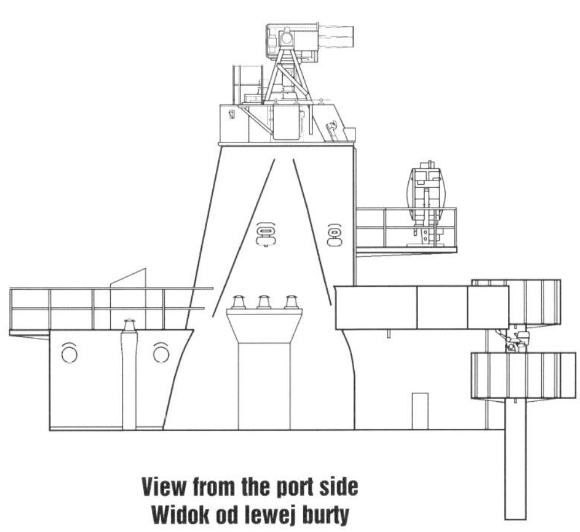

View from the port side
Widok od lewej burty

The base of the forward main artillery director
Podstawa dziobowego dalocelownika artylerii głównej

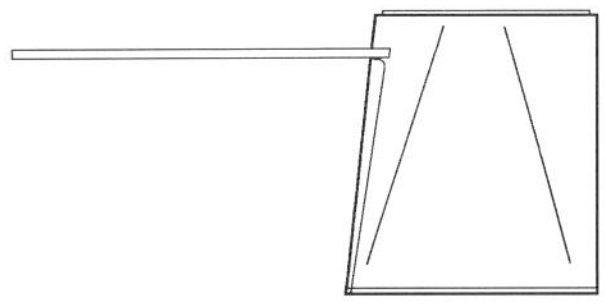

View from the starboard side
Widok od prawej burty

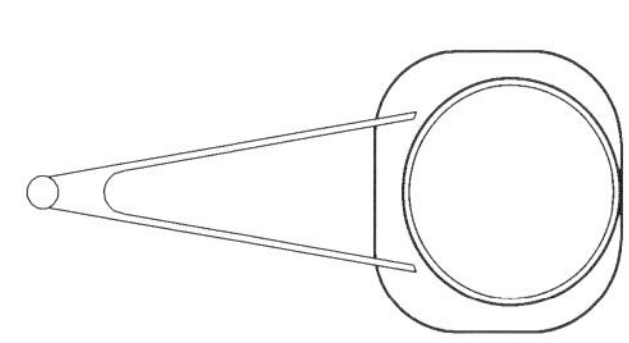

View from above
Widok z góry

Main superstructure, top section, 1946
Nadbudówka główna, część szczytowa, rok 1946

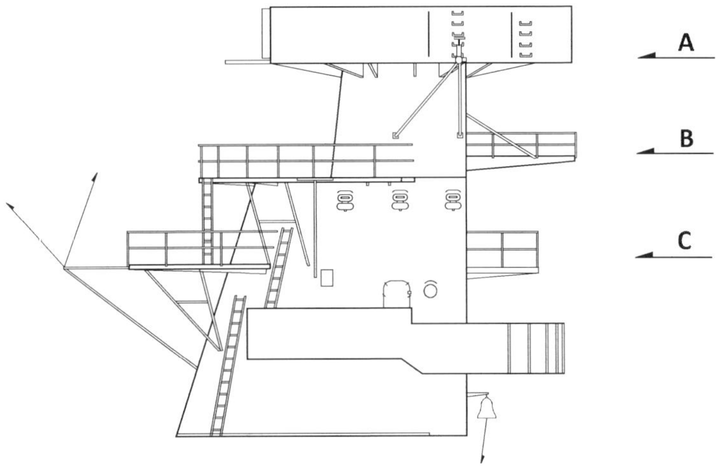

View from the starboard side
Widok od prawej burty

C

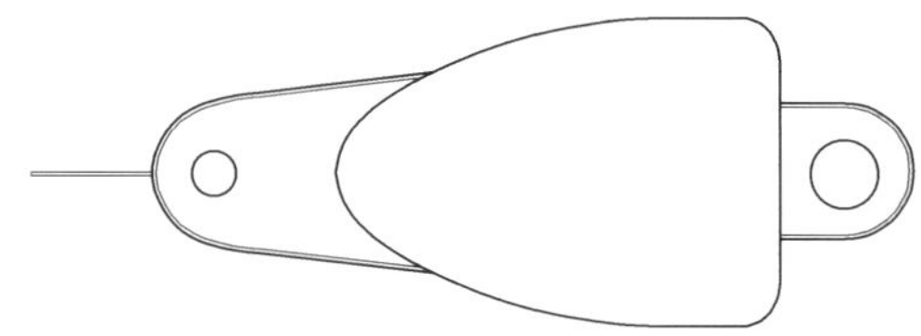

B

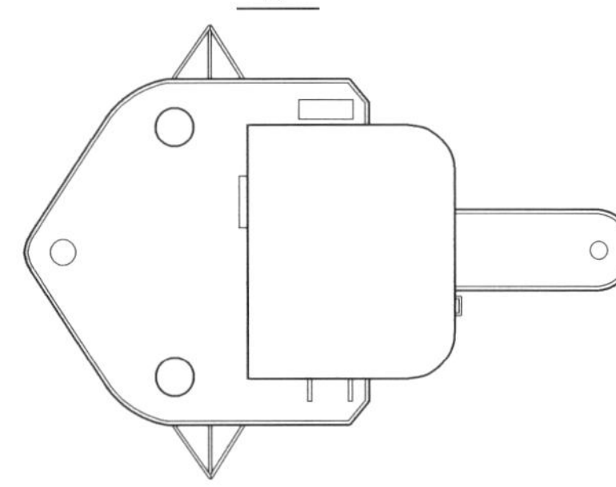

A

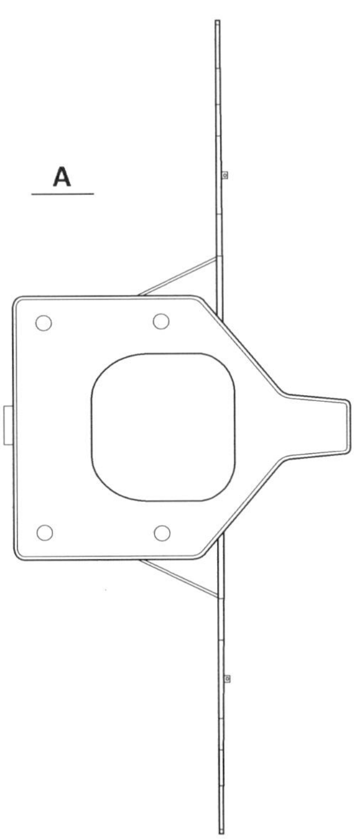

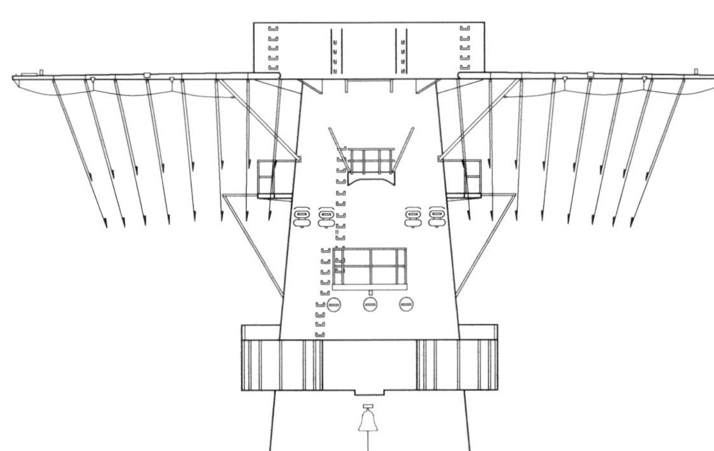

View from the bow
Widok od dziobu

Scale/Skala 1:200

Aft mast, 1944
Maszt rufowy, rok 1944

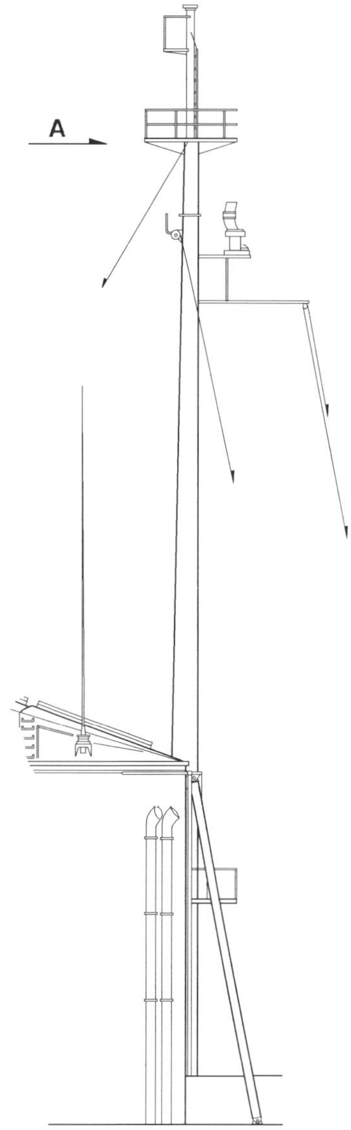

View from the port side
Widok od lewej burty

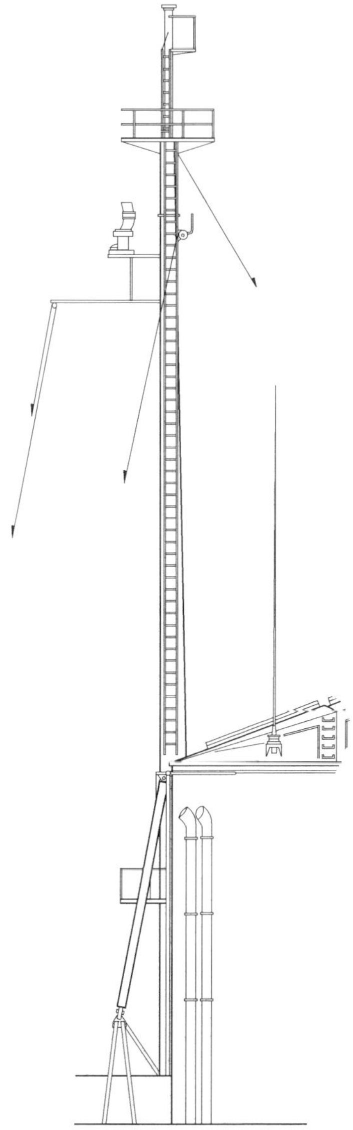

View from the starboard side
Widok od prawej burty

A

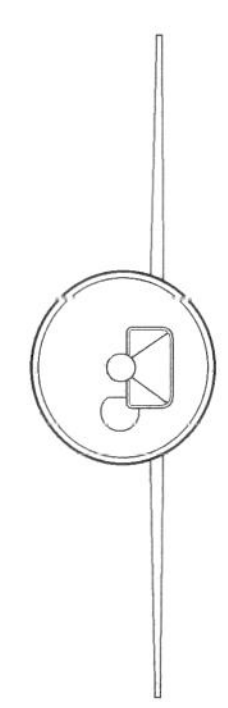

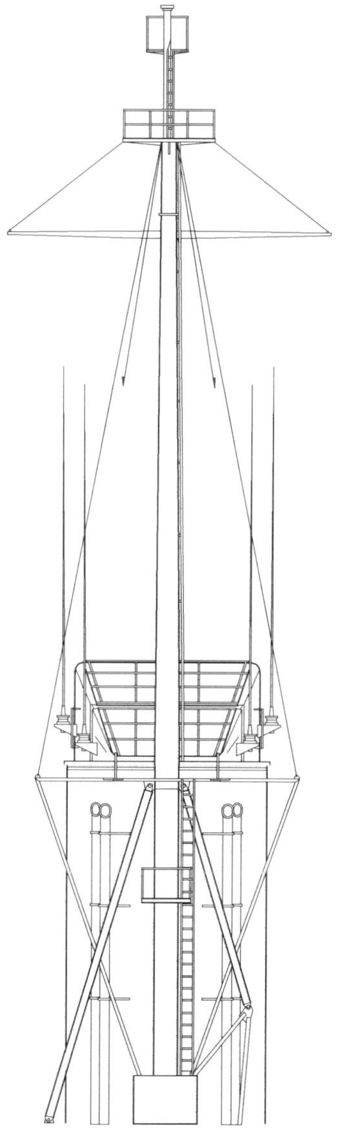

View from astern
Widok od rufy

Scale/Skala 1:200

Forward mast, 1944
Maszt dziobowy, rok 1944

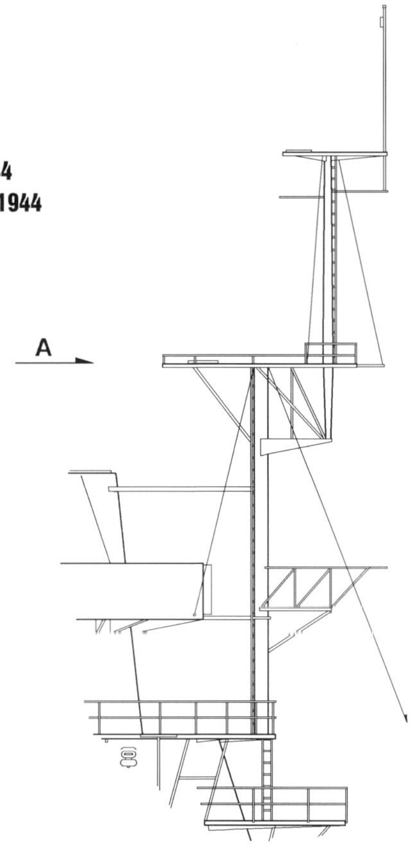

View from the port side
Widok od lewej burty

A

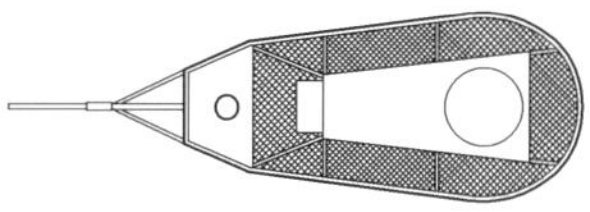

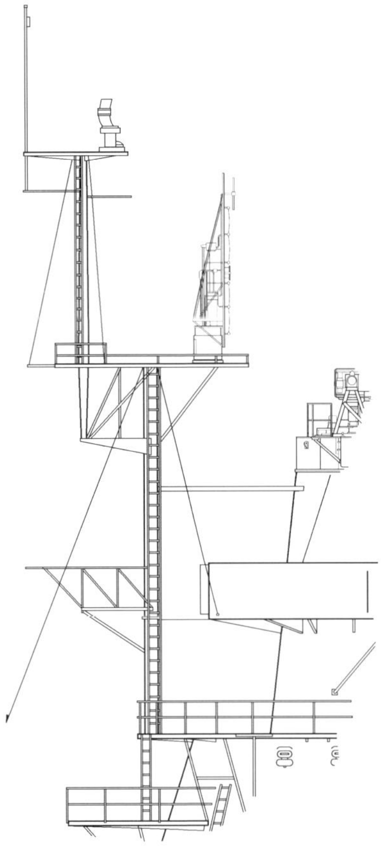

View from the starboard side
Widok od prawej burty

Forward mast, 1956
Maszt dziobowy, rok 1946

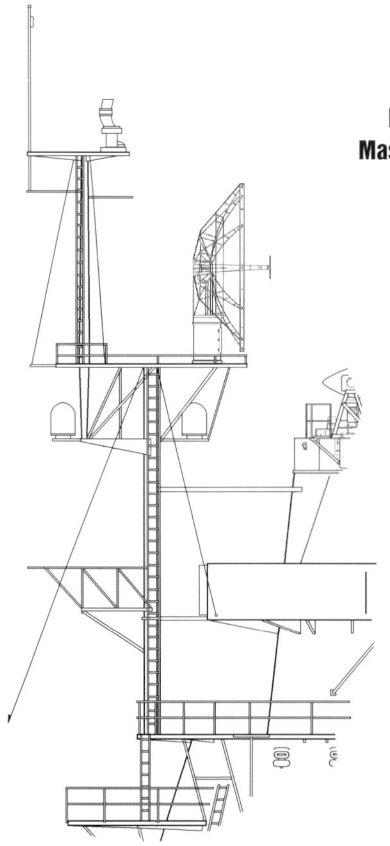

No. 1 main artillery turret, 1944
Wieża artylerii głównej nr 1, rok 1944

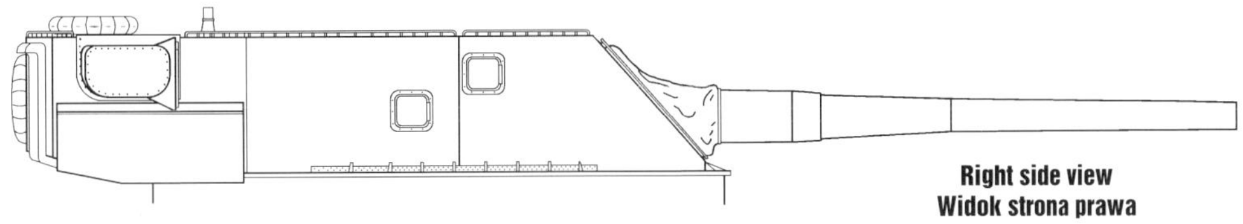

Right side view
Widok strona prawa

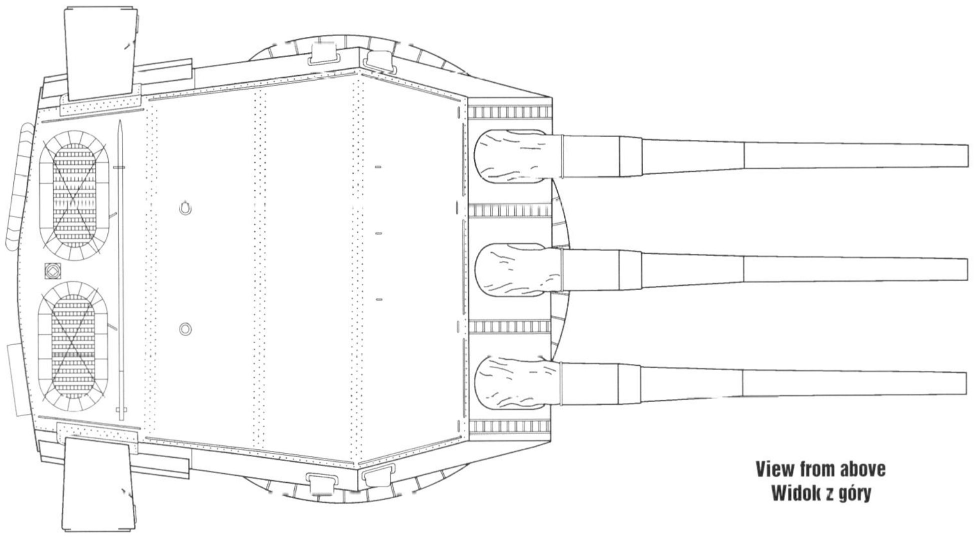

View from above
Widok z góry

No. 2 main artillery turret, 1944
Wieża artylerii głównej nr 2, rok 1944

Right side view
Widok strona prawa

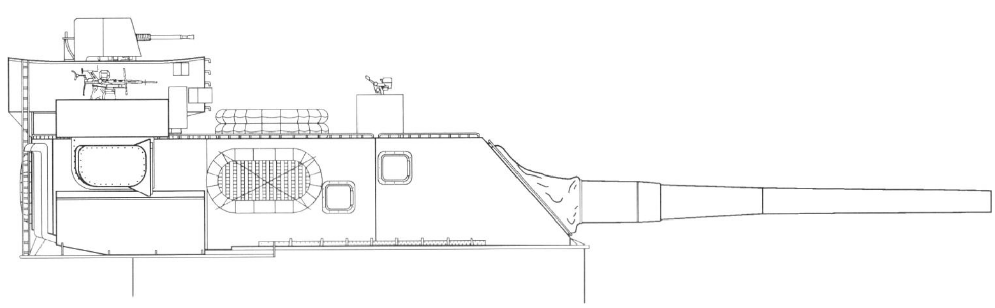

View from above
Widok z góry

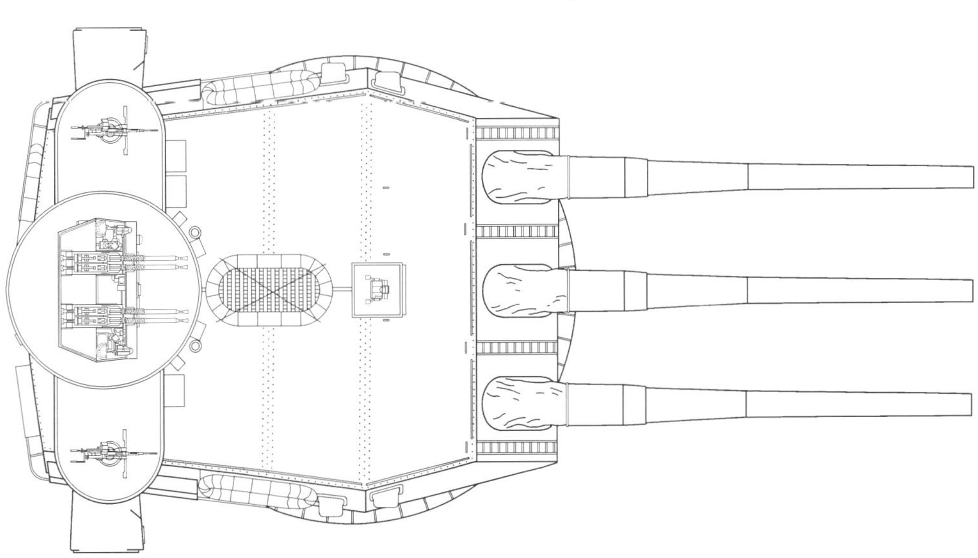

Scale/Skala 1:200

Opracowanie i rysunki: © Witold Koszela

Battleship USS Massachusetts

No. 3 main artillery turret, 1944
Wieża artylerii głównej nr 3, rok 1944

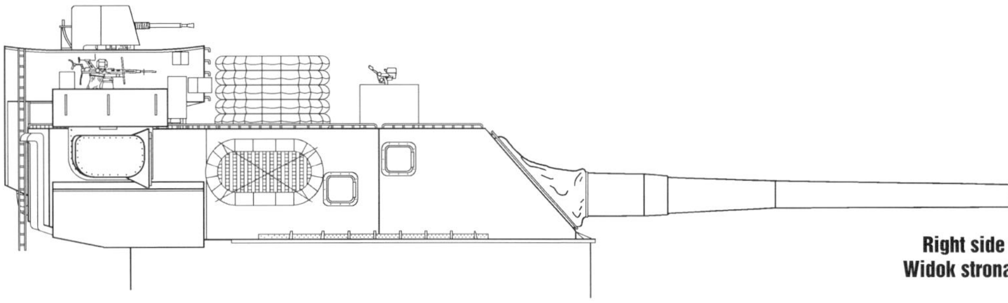

Right side view
Widok strona prawa

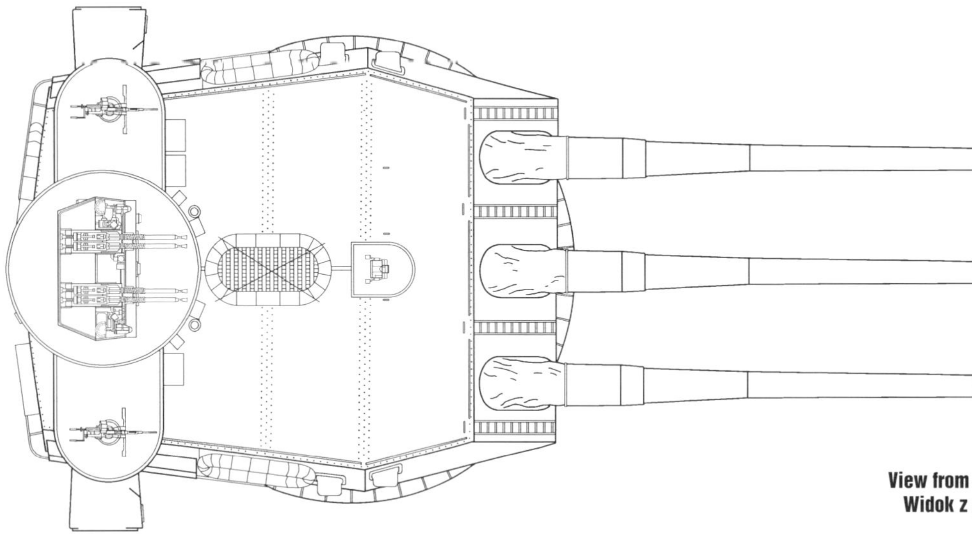

View from above
Widok z góry

No. 2 main artillery turret, 1946
Wieża artylerii głównej nr 2, rok 1946

View from the starboard side
Widok od prawej burty

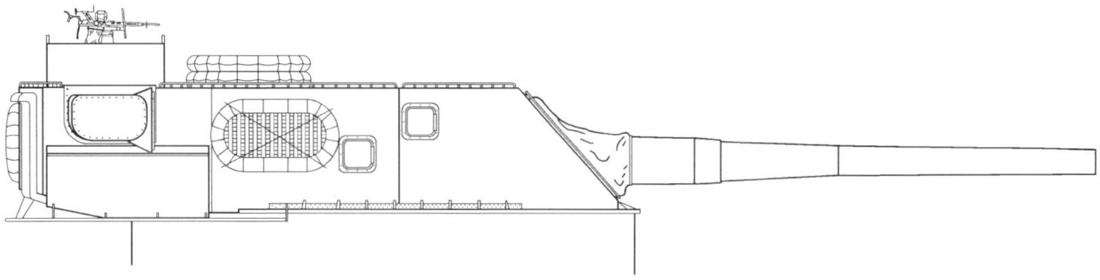

View from above
Widok z góry

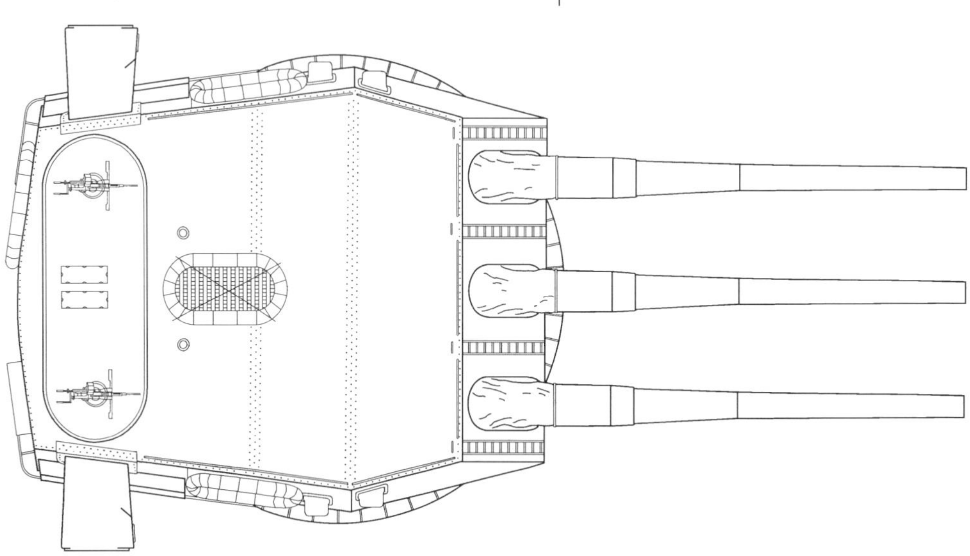

Scale/Skala 1:200

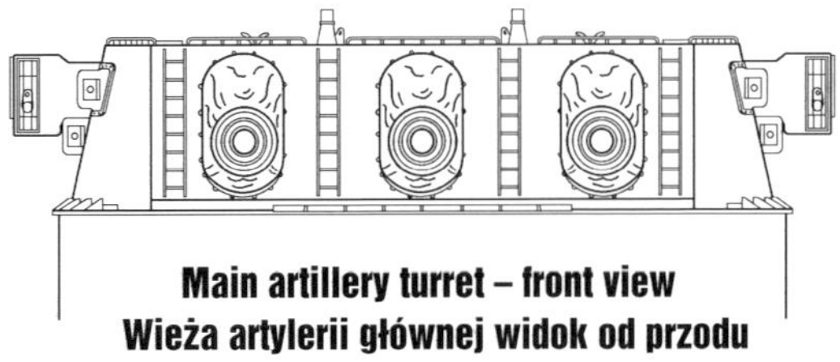

Main artillery turret – front view
Wieża artylerii głównej widok od przodu

Scale/Skala 1:200

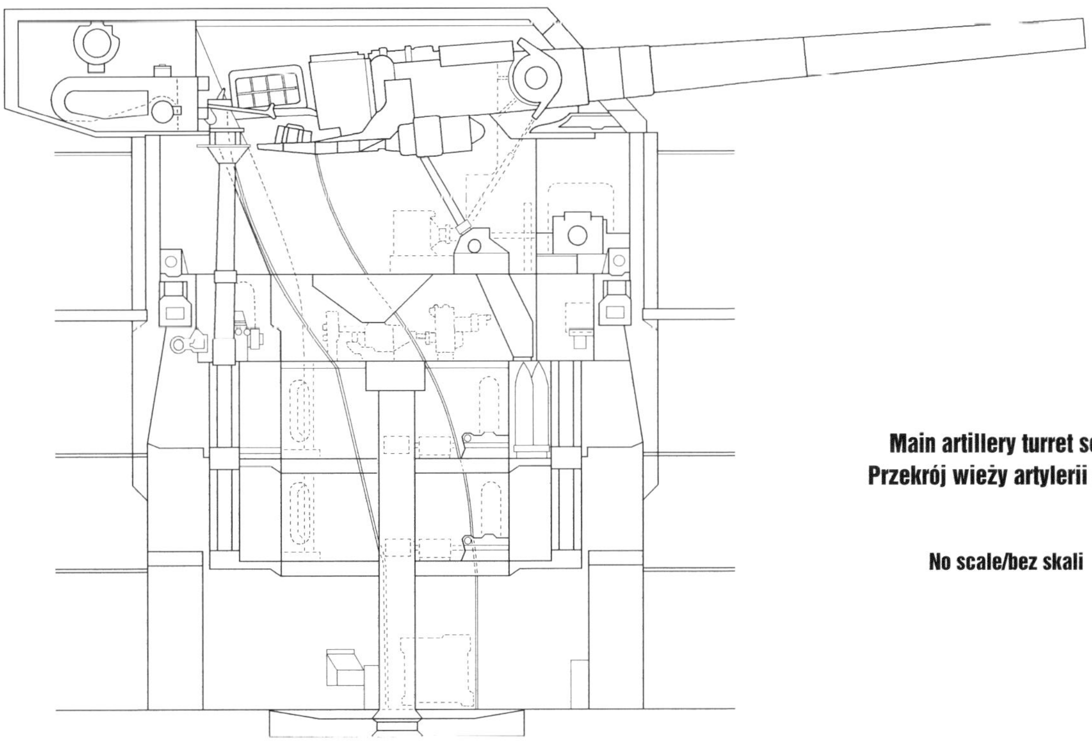

Main artillery turret section
Przekrój wieży artylerii głównej

No scale/bez skali

Medium artillery turret cal. 127 mm
Wieża artylerii średniej kal. 127 mm

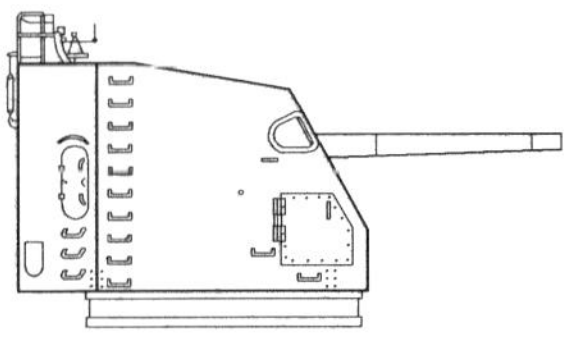

Left side view
Widok strona lewa

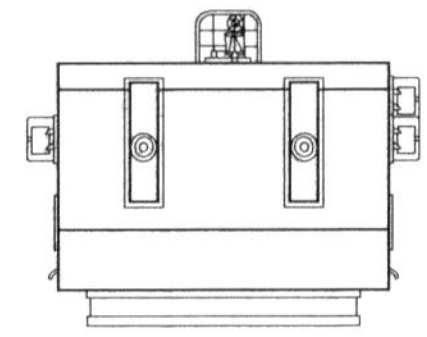

Front view
Widok od przodu

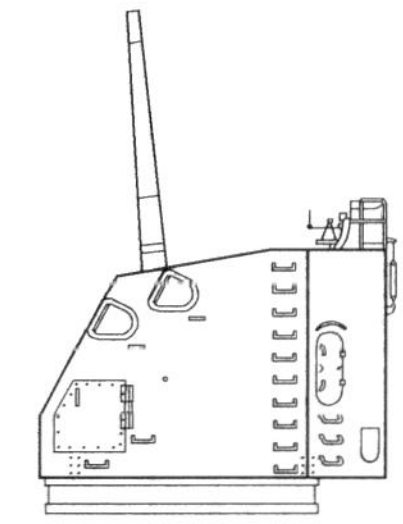

Right side view
Widok strona prawa

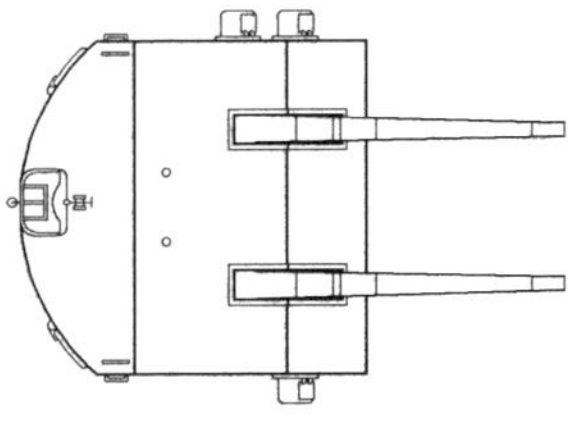

View from above
Widok z góry

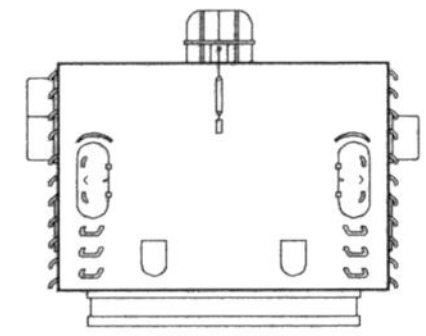

Rear view
Widok od tyłu

Scale/Skala 1:100

Quadruple mount of 40-mm Mk. II Bofors AA gun
Czterolufowy zestaw działek plot Bofors Mk II kal. 40 mm

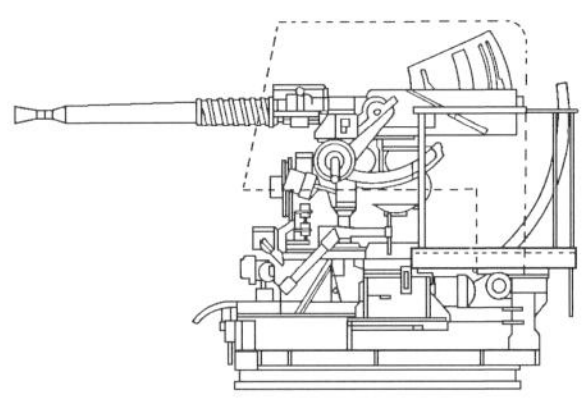

Left side view (cover taken off)
Widok strona lewa (zdjęta osłona)

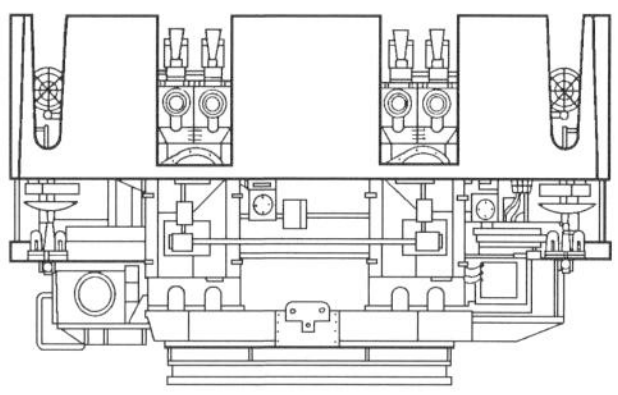

Front view
Widok od przodu

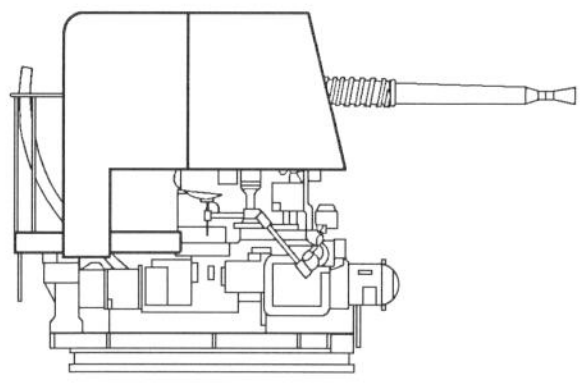

Right side view
Widok strona prawa

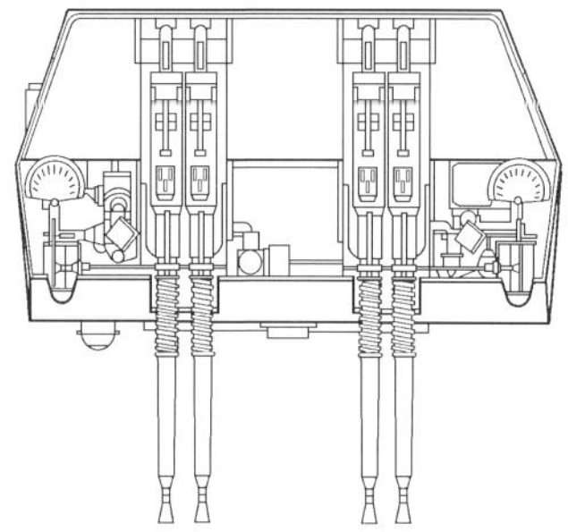

View from above
Widok z góry

Scale/Skala 1:100

20-mm Oerlikon Mk. II AA gun
Działko plot Oerlikon Mk II kal. 20 mm

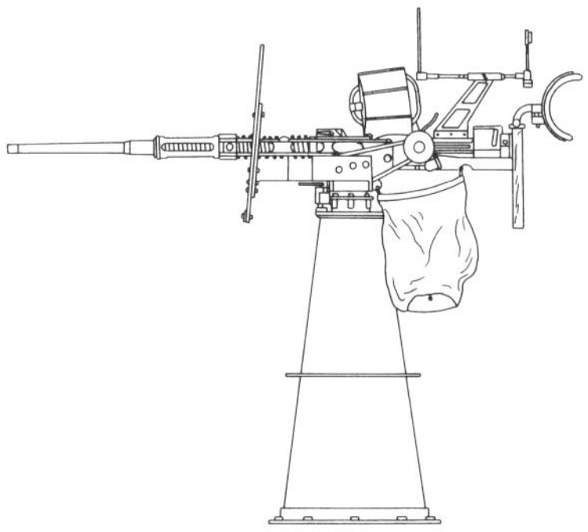

Left side view
Widok strona lewa

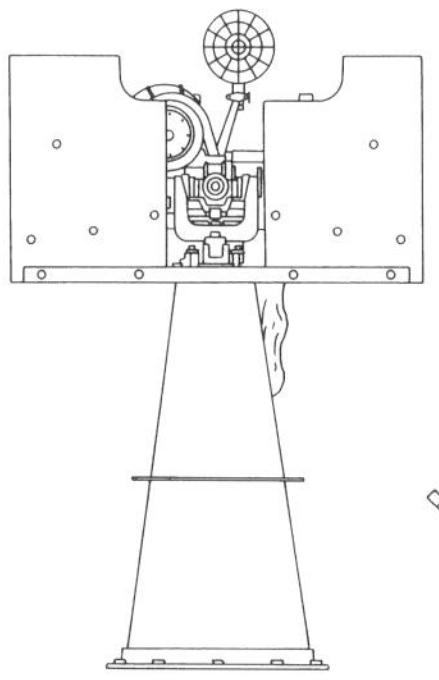

Front view
Widok od przodu

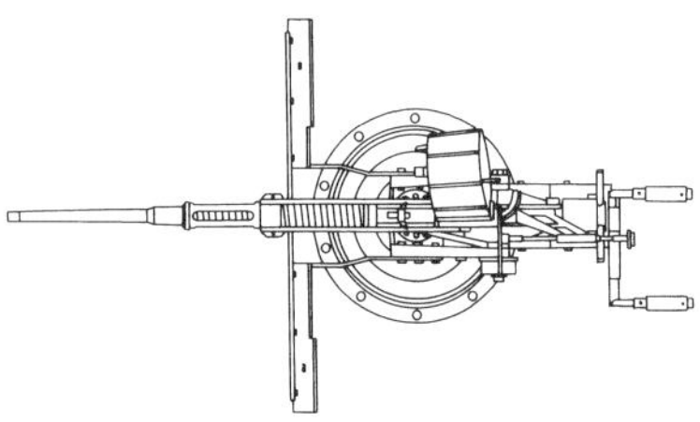

View from above
Widok z góry

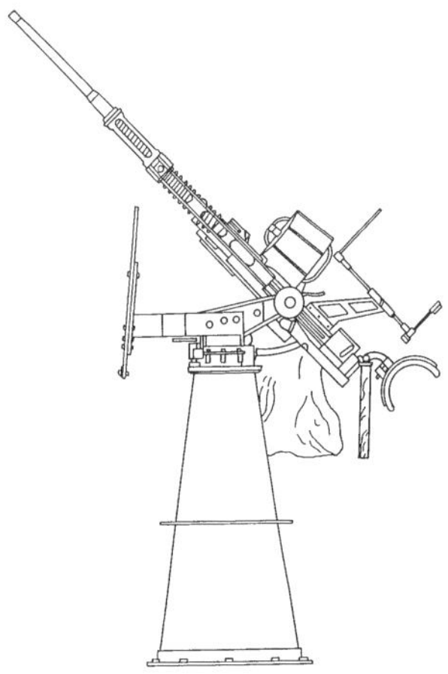

Left side view (barrel in maximum elevation)
Widok strona lewa (lufa przy maksymalnym kącie podniesienia)

Scale/Skala 1:50

Opracowanie i rysunki: © Witold Koszela

Main artillery director Mk 38 with Mk 8 radar's antenna, 1944
Dalocelownik artylerii głównej Mk 38 z anteną radaru Mk 8, rok 1944

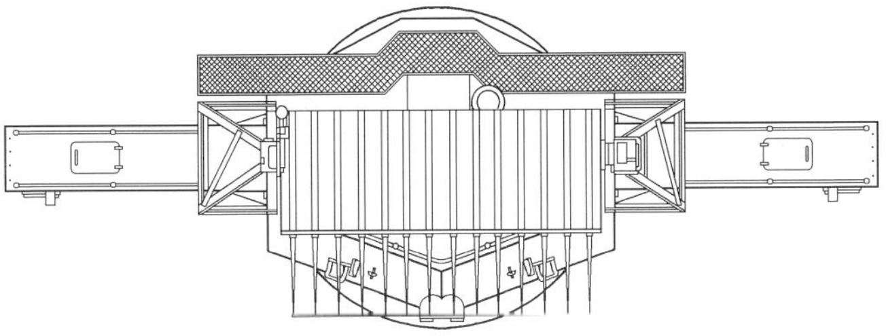

Right side view
Widok strona prawa

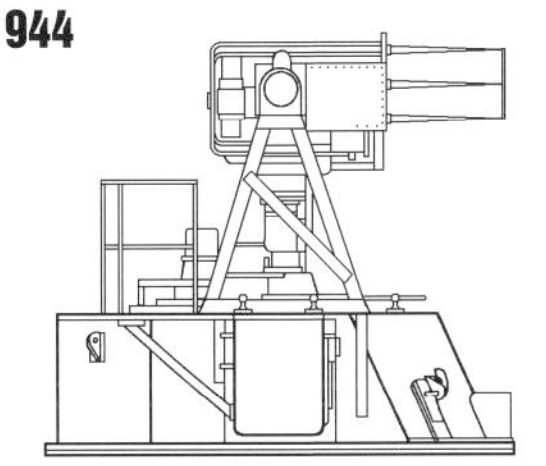

View from above
Widok z góry

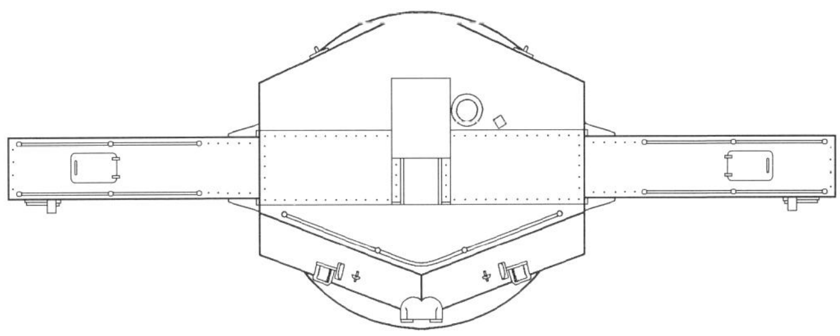

View from above with radar's antenna taken off
Widok od góry ze zdjętą anteną radaru

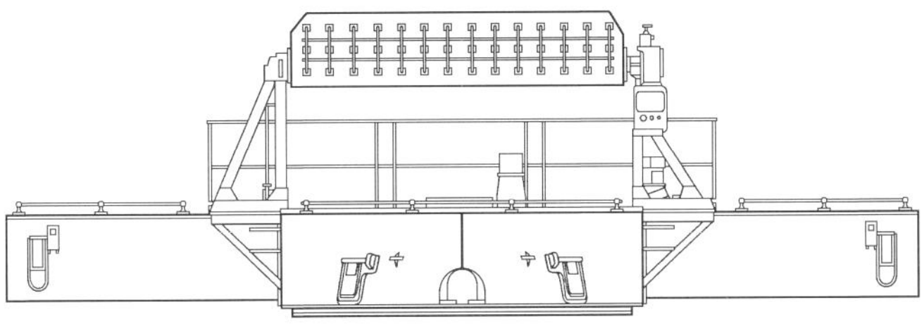

Front view
Widok od przodu

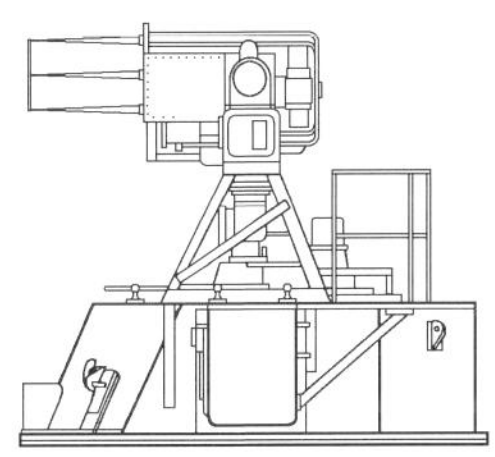

Left side view
Widok strona lewa

Main artillery director Mk 38 with Mk 13 radar's antenna, 1946
Dalocelownik artylerii głównej Mk 38 z anteną radaru Mk 13, rok 1946

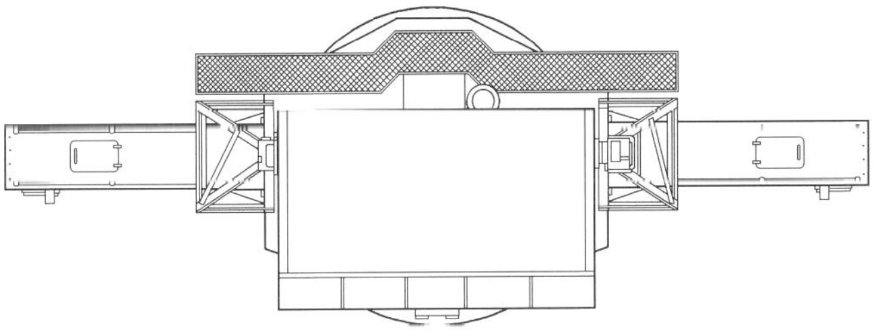

View from above
Widok z góry

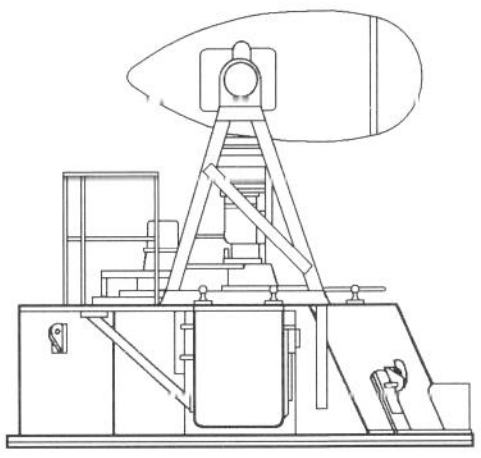

Right side view
Widok strona prawa

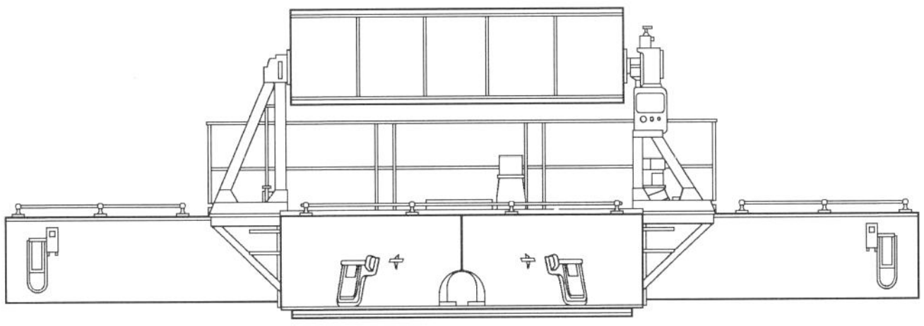

Front view
Widok od przodu

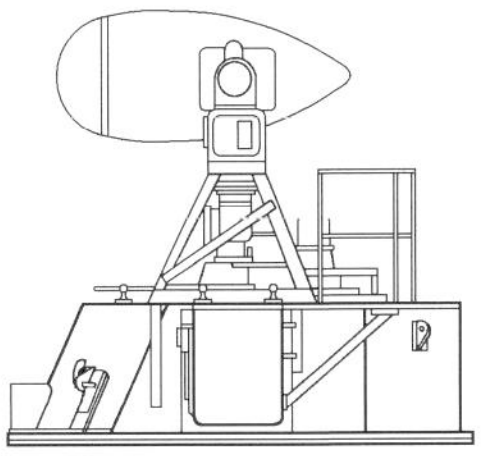

Left side view
Widok strona lewa

Scale/Skala 1:100

Medium artillery director Mk 37 with Mk 4 radar's antenna, 1942
Dalocelownik artylerii średniej Mk 37 z anteną radaru Mk 4, rok 1942

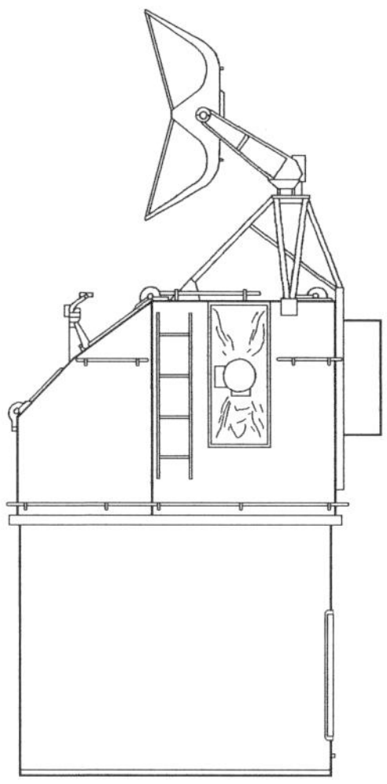

Left side view
Widok strona lewa

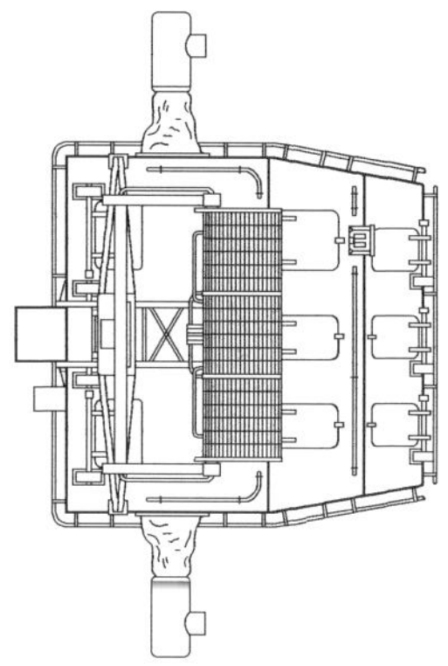

View from above
Widok z góry

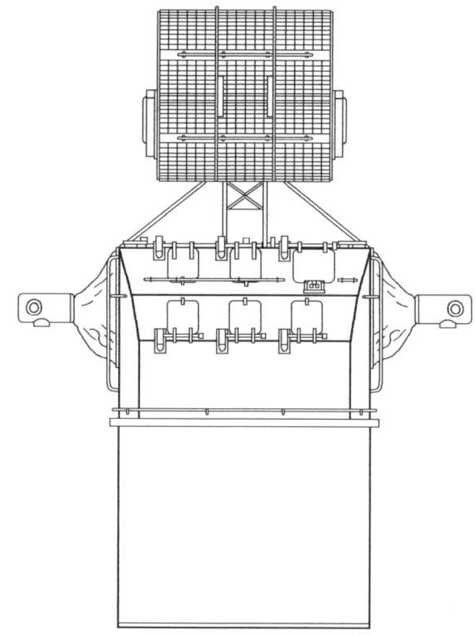

Front view
Widok od przodu

Medium artillery director Mk 37 with Mk 12/22 radar's antenna, 1945
Dalocelownik artylerii średniej Mk 37 z anteną radaru Mk 12/22, rok 1945

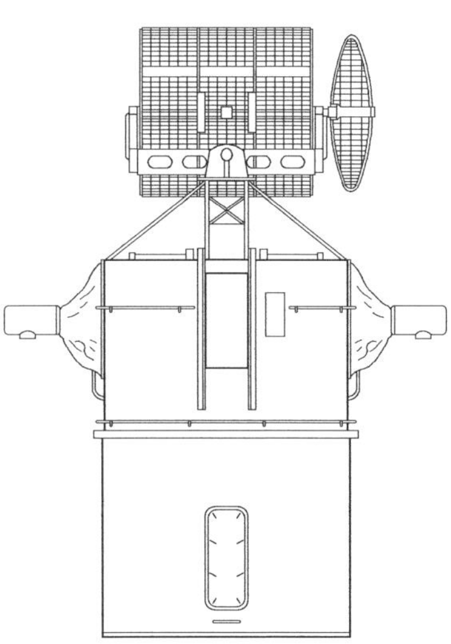

Rear view
Widok od tyłu

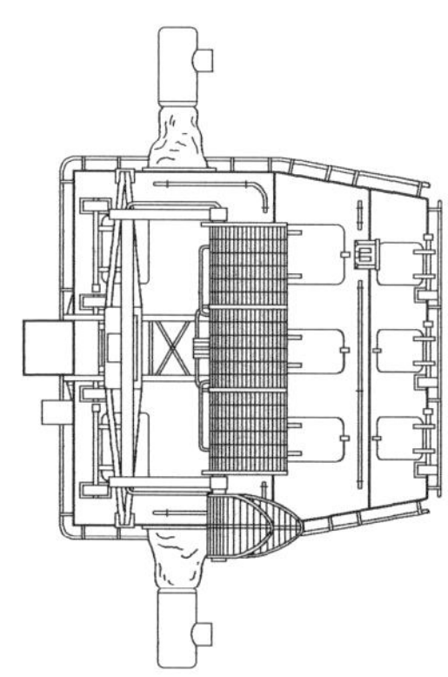

View from above
Widok z góry

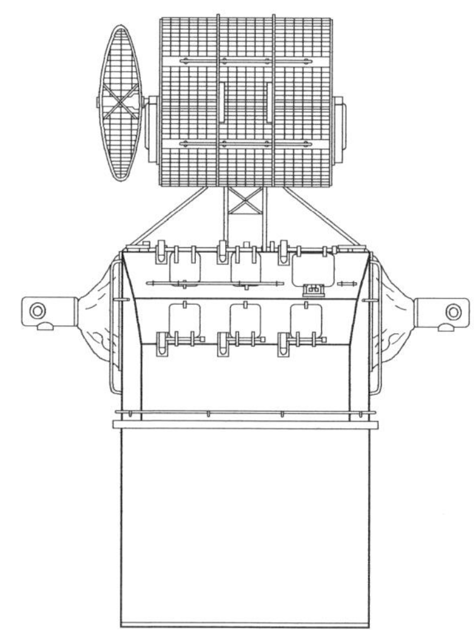

Front view
Widok od przodu

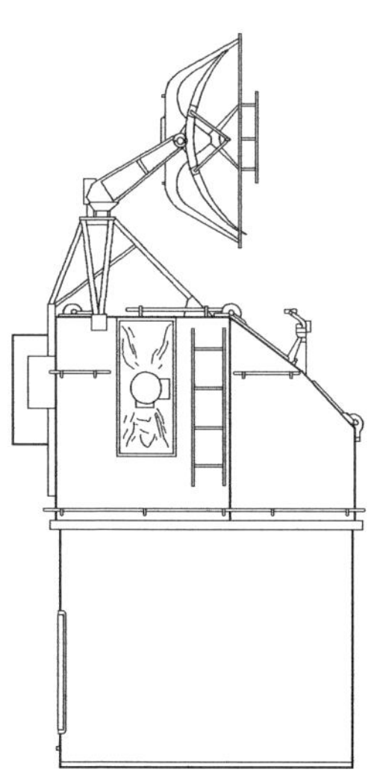

Right side view
Widok strona prawa

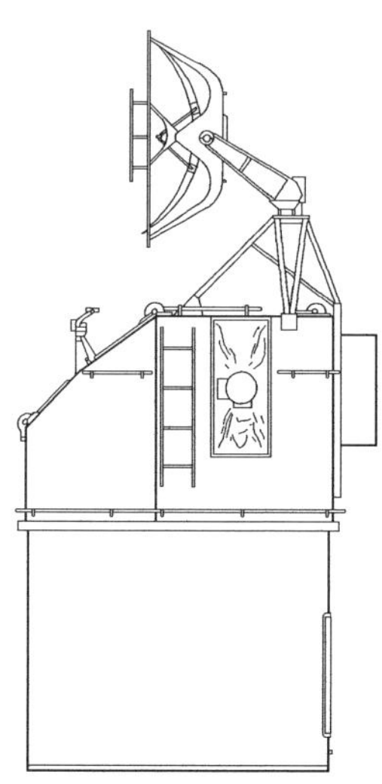

Left side view
Widok strona lewa

Scale/Skala 1:100

SK-2 radar's antenna
Antena radaru SK-2

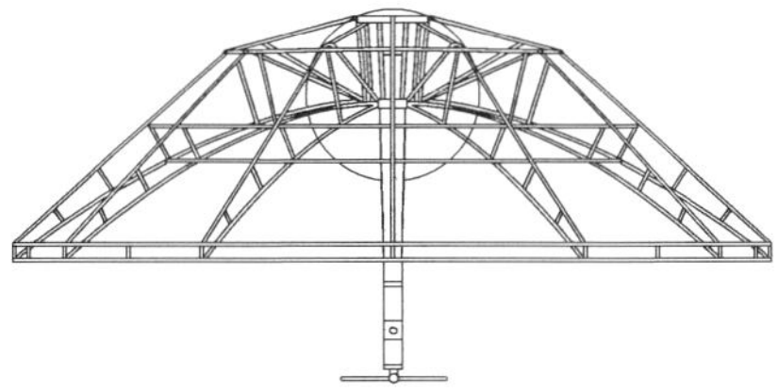

View from above
Widok z góry

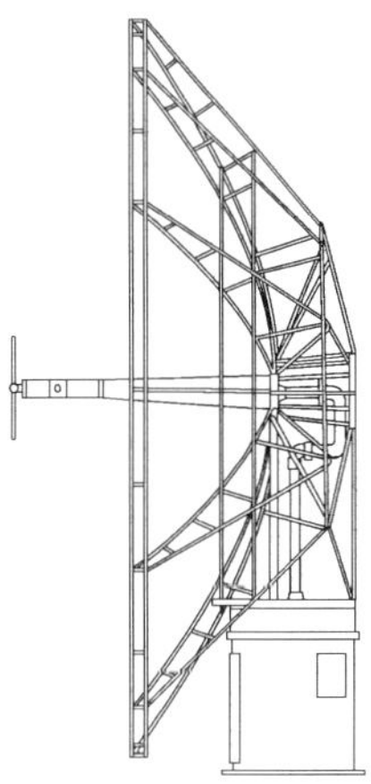

Left side view
Widok strona lewa

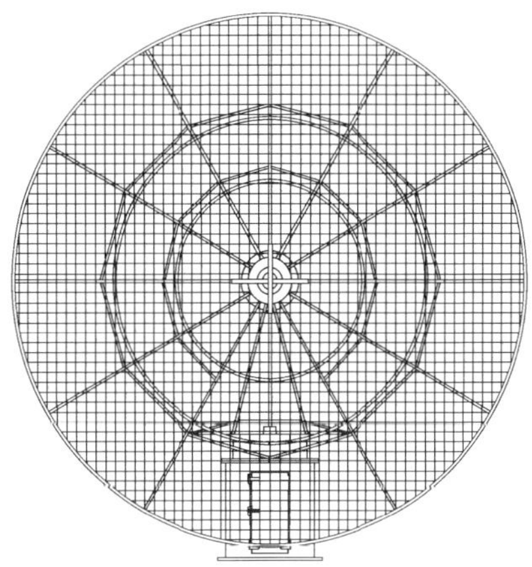

Front view
Widok od przodu

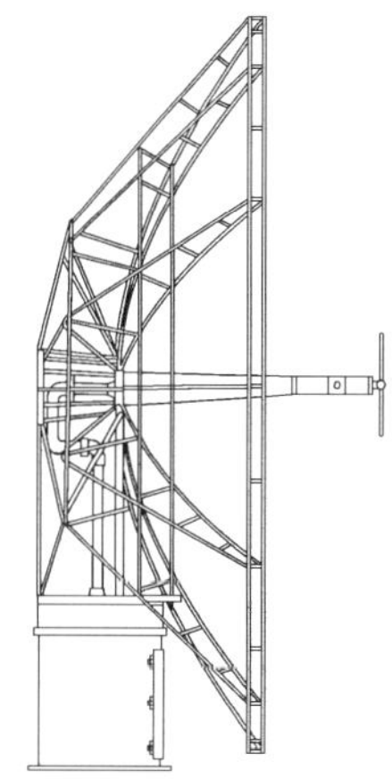

Right side view
Widok strona prawa

SK radar's antenna
Antena radaru SK

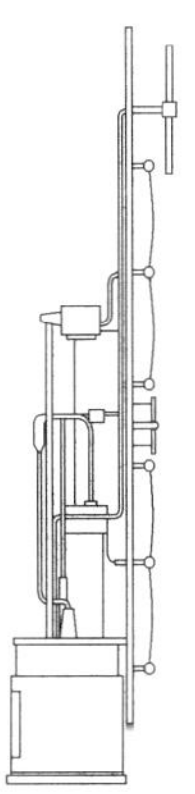

Dipole's arrangement; view from the starboard side
Rozmieszczenie dipoli, widok strona prawa

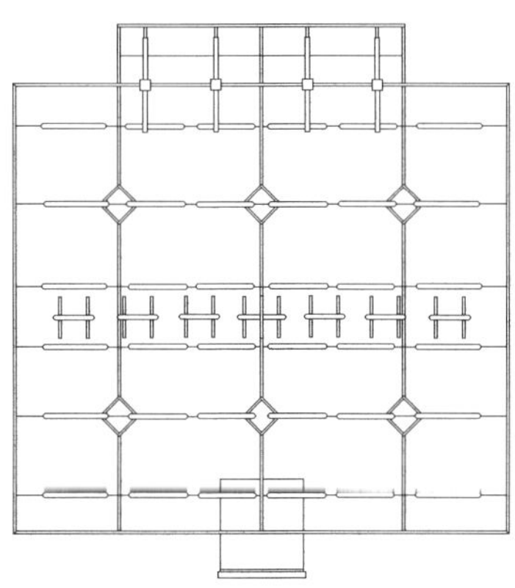

Dipole's arrangement; front view
Rozmieszczenie dipoli, widok od przodu

Construction frame; view from the port side
Rama konstrukcyjna, widok strona lewa

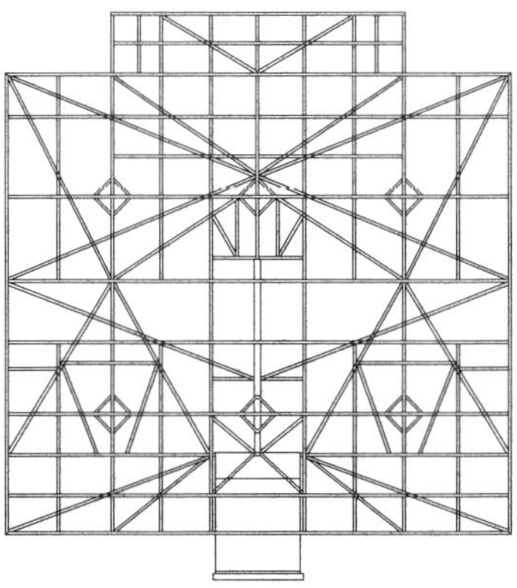

Construction frame; front view
Rama konstrukcyjna, widok od przodu

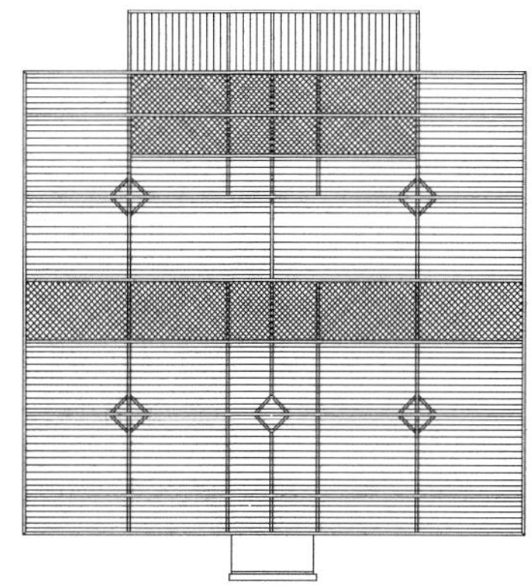

Mesh; front view
Siatka, widok od przodu

Aircraft crane
Dźwig do obsługi wodnosamolotów

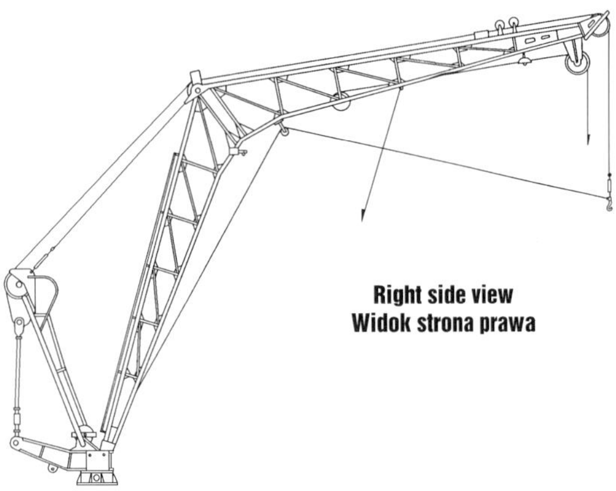

Right side view
Widok strona prawa

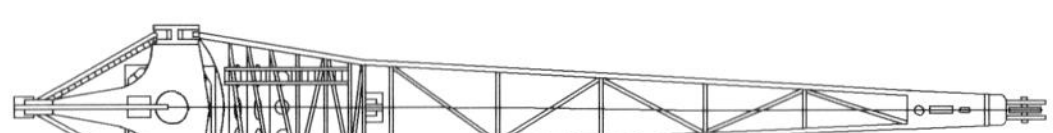

View from above
Widok z góry

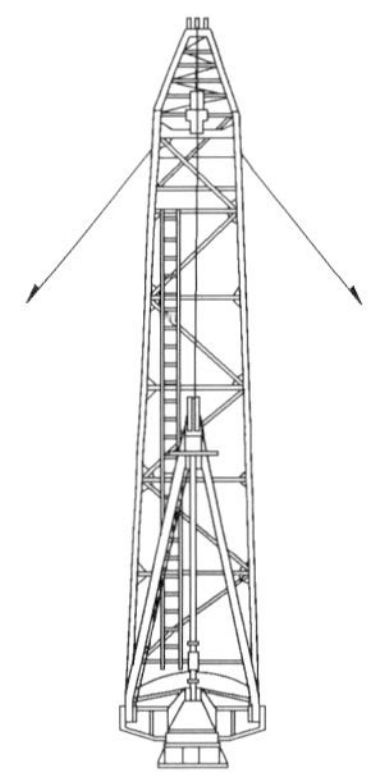

Rear view
Widok od tyłu

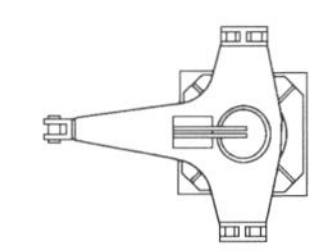

Base with boom taken off
Widok podstawy ze zdjętym ramieniem

Deck boats crane
Dźwig do obsługi łodzi pokładowych

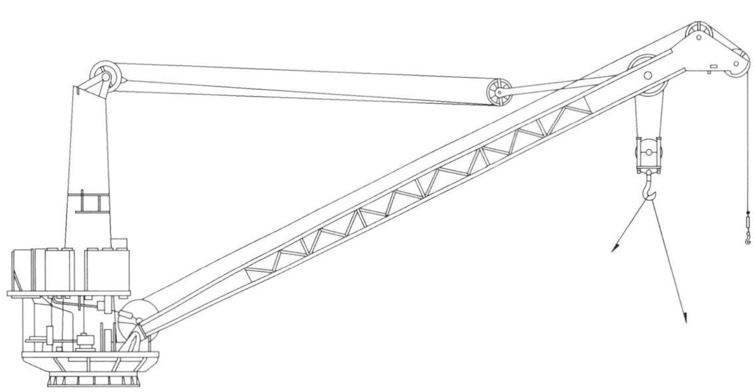

Right side view
Widok strona prawa

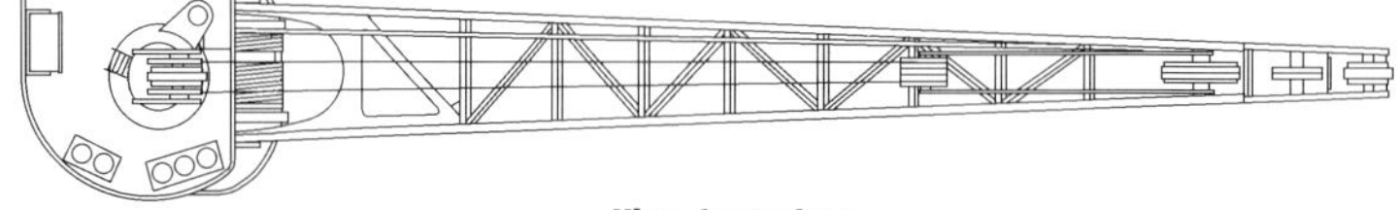

View from above
Widok z góry

Deck's catapult
Katapulta pokładowa

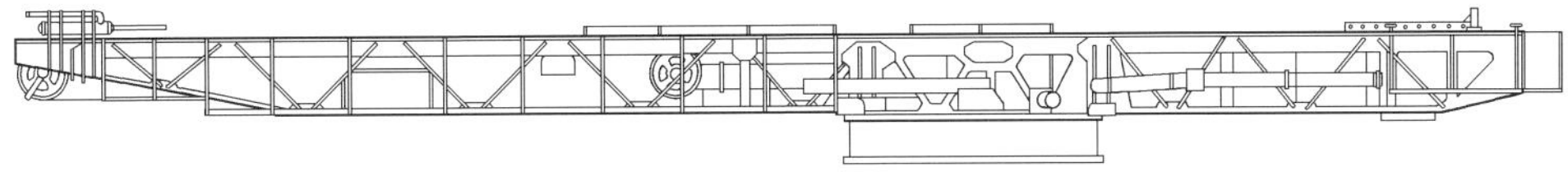

Left side view
Widok strona lewa

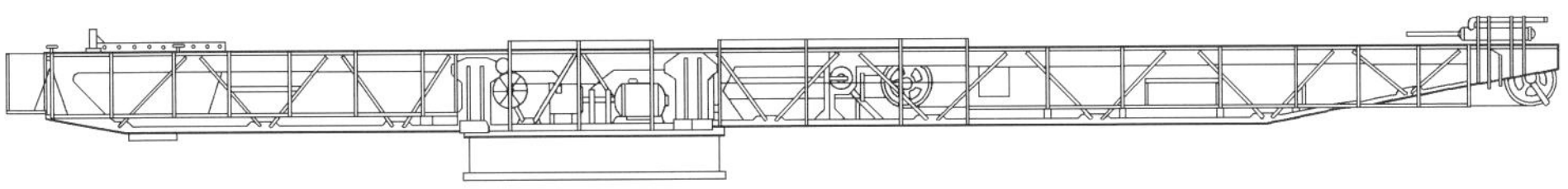

Right side view
Widok strona prawa

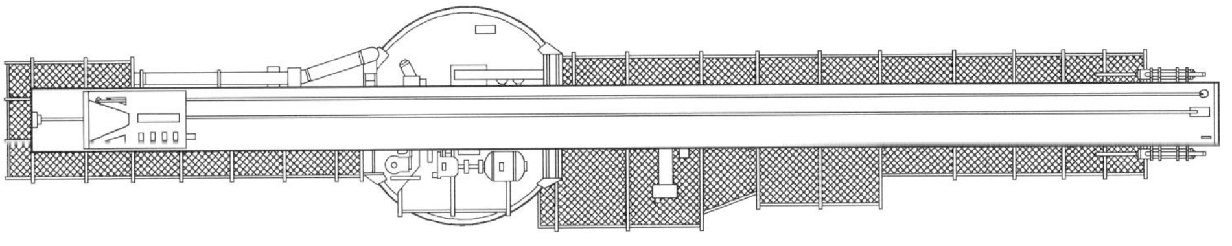

View from above
Widok z góry

Nadbudówka rufa, 1944
Astern superstructure, 1944

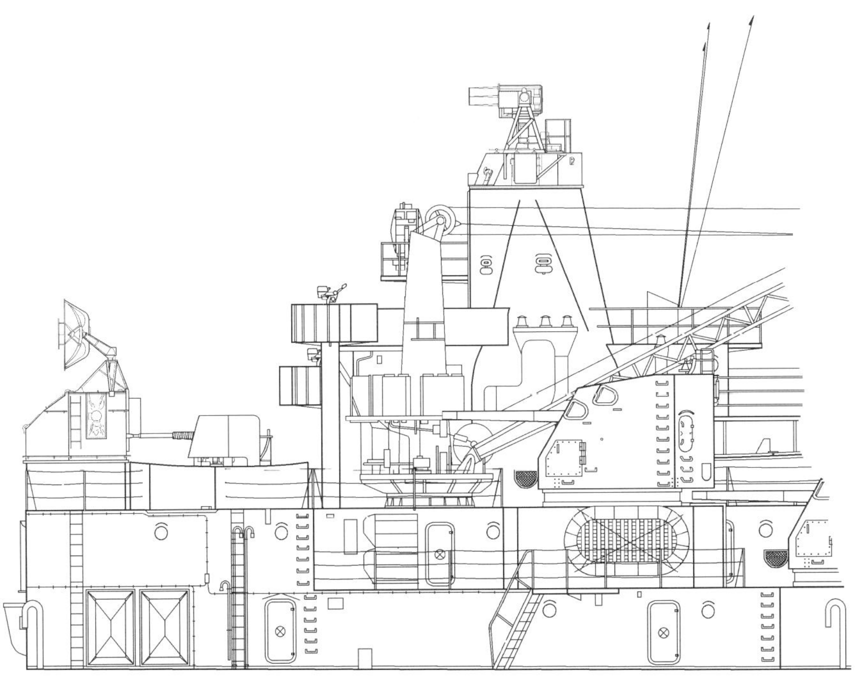

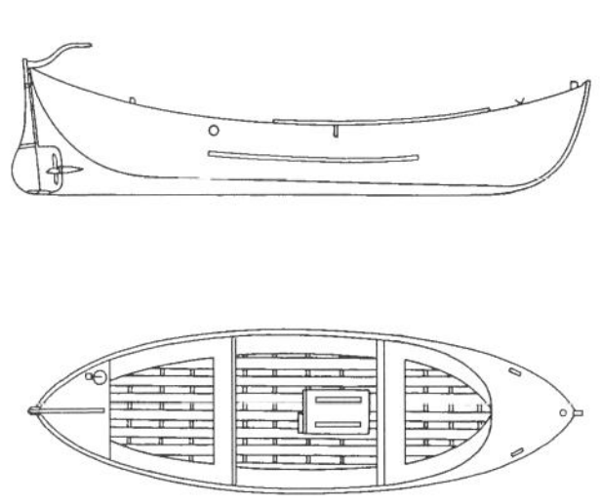

Deck's jolly boat
Szalupa pokładowa

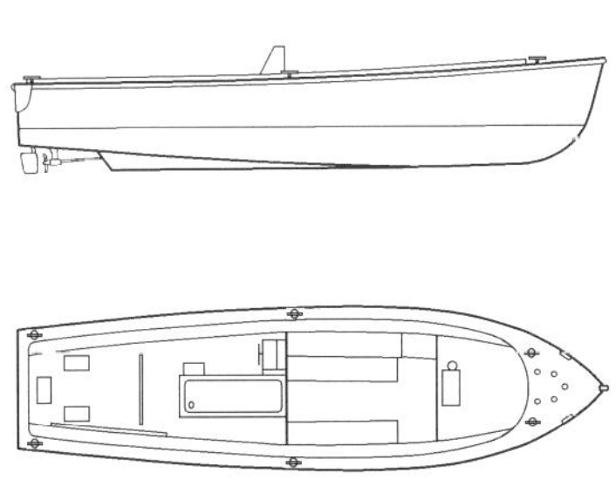

Deck's motorboat
Motorówka pokładowa

Scale/Skala: 1:200

Vought OS2U Kingfisher deck plane
Samolot pokładowy Vought OS2U Kingfisher

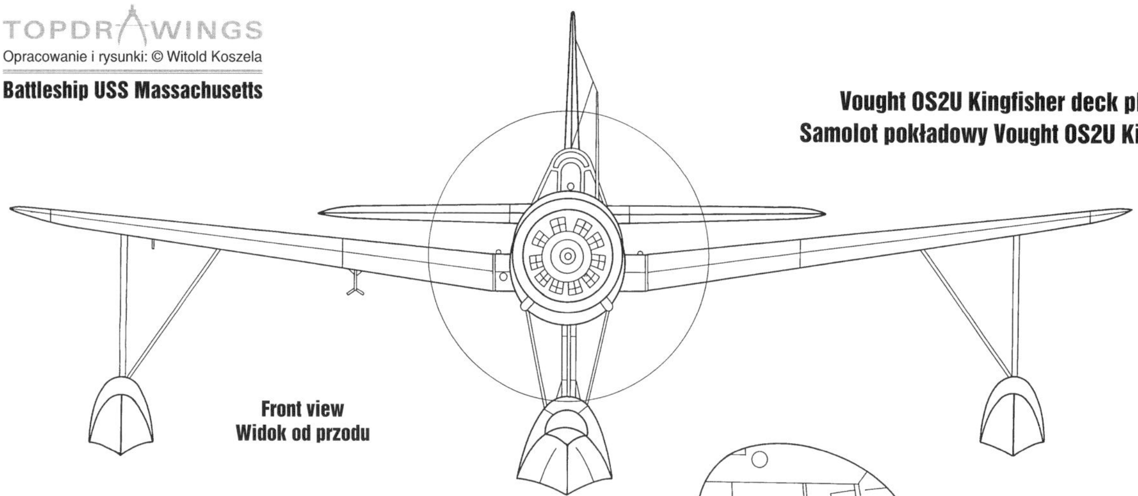

Front view
Widok od przodu

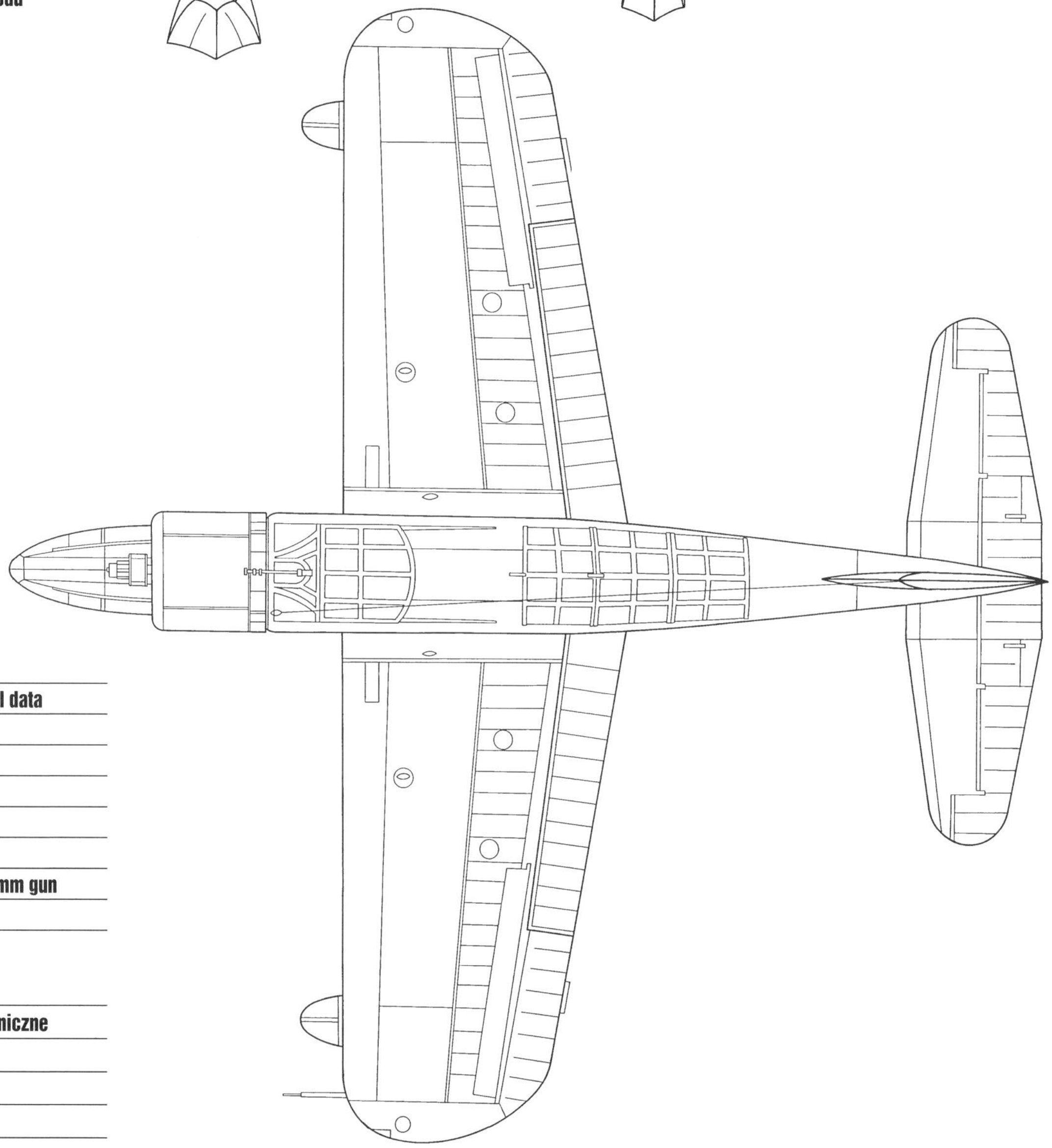

View from above
Widok z góry

Vought OS2U Kingfisher – technical data	
Length	10.30 m
Wingspan	11.00 m
Engine power	450 HP
Max. speed	285 km/h
Range	1860 km
Armament	2 × cal. 7.62 mm gun
Crew	2 persons

Vough OS2U Kingfisher – dane techniczne	
Długość	10,30 m
Rozpiętość	11,00 m
Moc silnika	450 KM
Prędkość maksymalna	285 km/h
Zasięg	1860 km
Uzbrojenie	2 x km kal. 7,62 mm
Załoga	2 ludzi

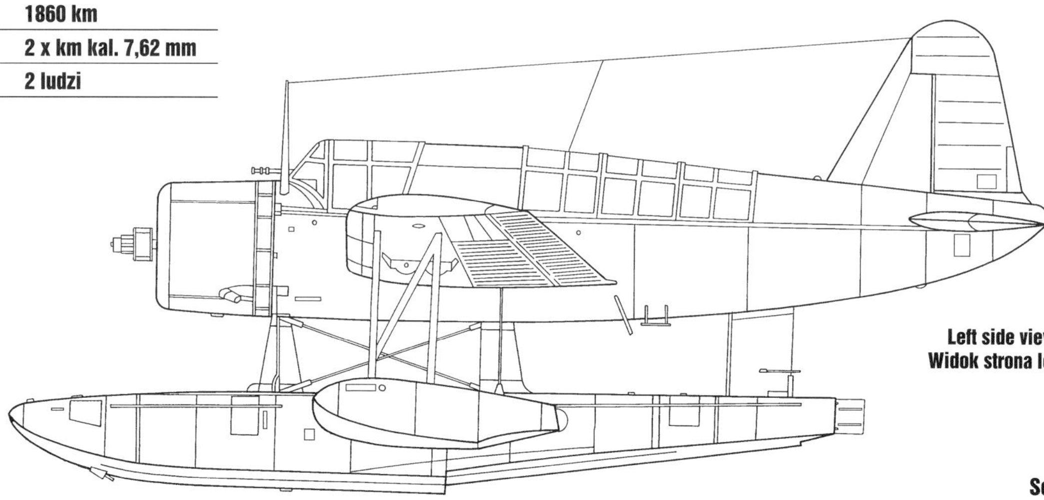

Left side view
Widok strona lewa

Scale/Skala: 1:72

Curtiss SC1 Seahawk seaplane
Samolot pokładowy Curtiss SC1 Seahawk

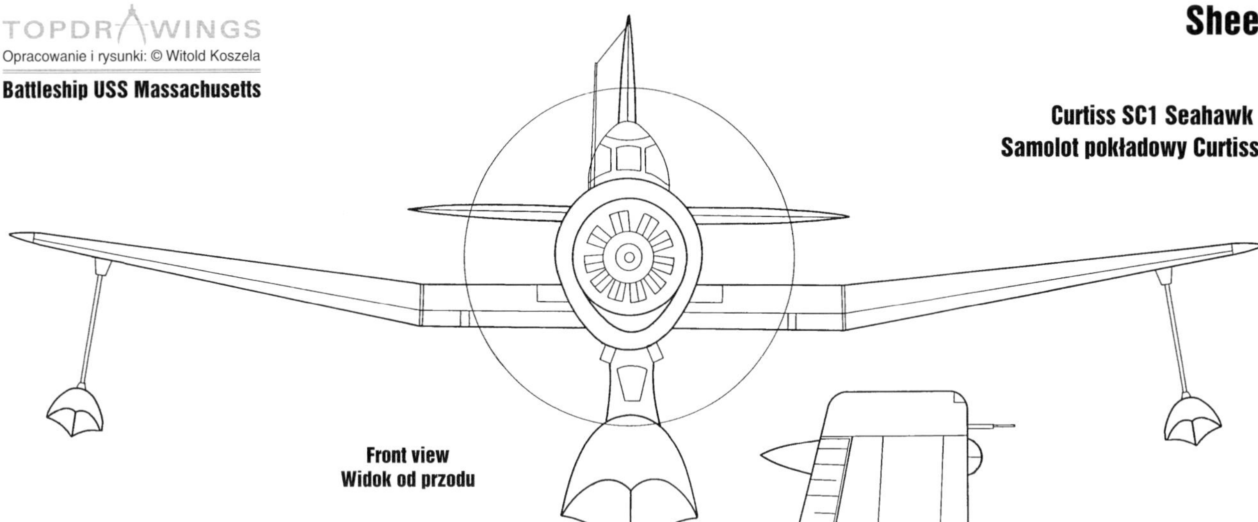

Front view
Widok od przodu

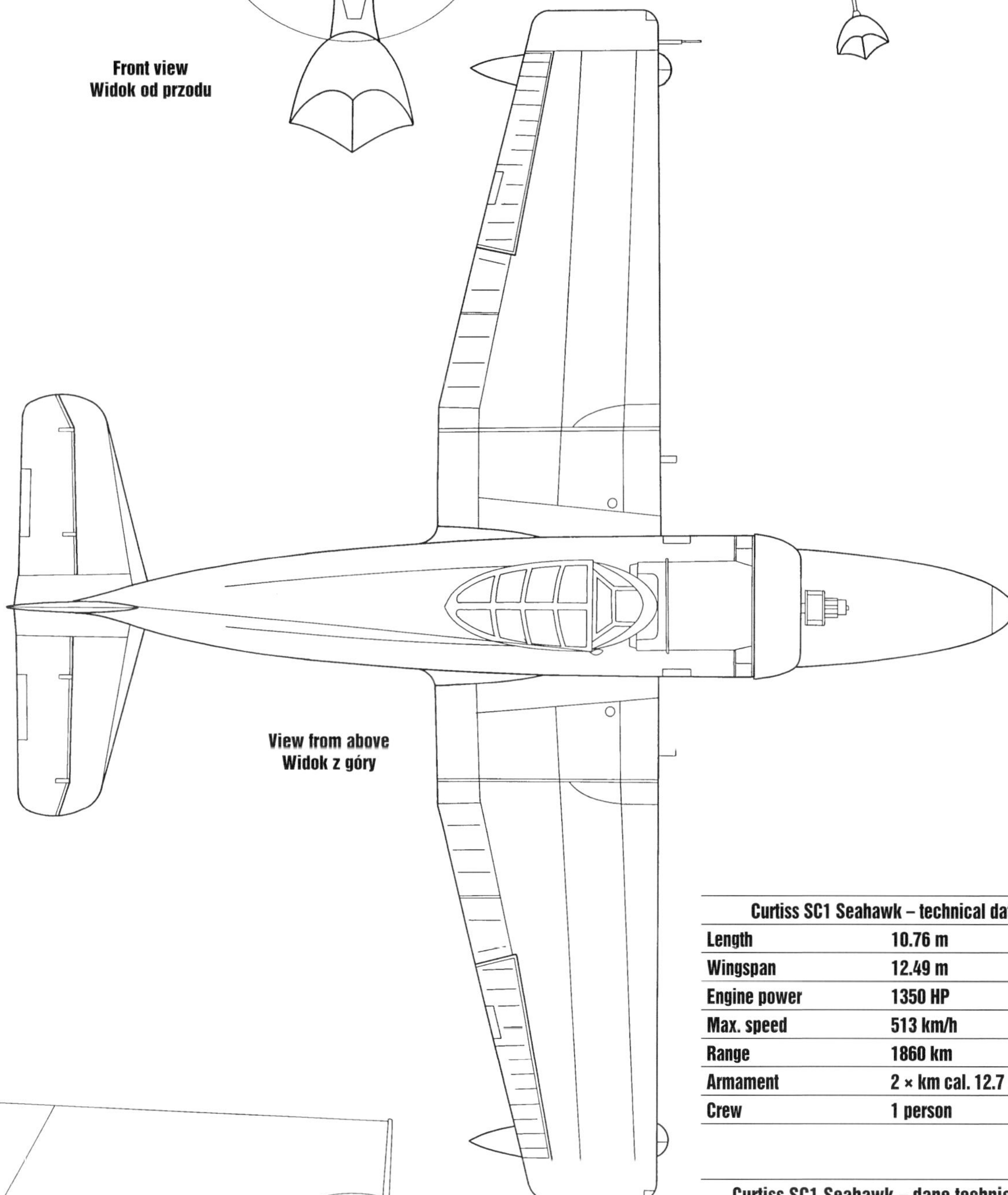

View from above
Widok z góry

Curtiss SC1 Seahawk – technical data	
Length	10.76 m
Wingspan	12.49 m
Engine power	1350 HP
Max. speed	513 km/h
Range	1860 km
Armament	2 × km cal. 12.7 mm gun
Crew	1 person

Curtiss SC1 Seahawk – dane techniczne	
Długość	10,76 m
Rozpiętość	12,49 m
Moc silnika	1350 KM
Prędkość maksymalna	513 km/h
Zasięg	1860 km
Uzbrojenie	2 x km kal. 12,7 mm
Załoga	1 osoba

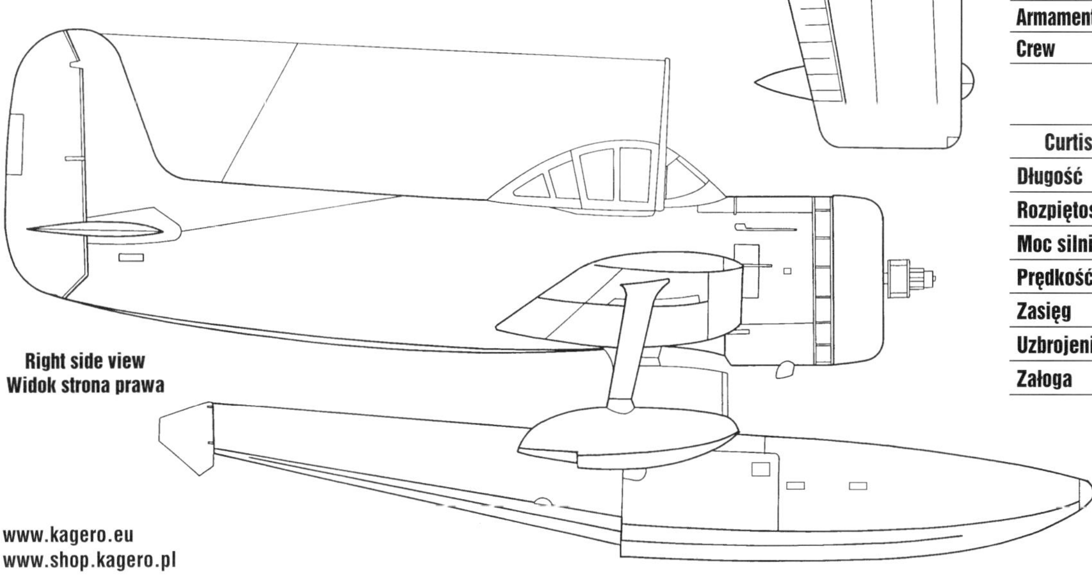

Right side view
Widok strona prawa

Scale/Skala: 1:72